부동산 중개, 이제 GIS 시대다!

중개전문가를 위한 상권 입지 분석 프로그램 사용법

부동산 중개, 이제 GIS 시대다!

신일진, 송두리, 신기정 지음

한국경제신문 *i*

부동산 투자 분석, 나만의 무기를 가져야 한다!

공인중개사는 2017년 기준, 40만 명을 넘어섰다. 그중 개업 공인중개사 수는 10만 명을 넘어서고 있다. 그러나 실제 개업 공인중개사 수보다 폐업한 공인중개사 수가 많을 정도로 많은 중개사무소가 문을 닫고 있다. 그만큼 준비 없는 개업이 많다는 것을 의미한다.

부동산 시장은 과거와 달리 단순히 매수인과 매도인을 연결하고, 임대인과 임차인을 연결하는 단순 중개시장이 아니다. 지금의 고객은 보다 신뢰 있는 정보를 원하고, 그러한 정보를 제공해줄 수 있는 전문가를 원하고 있다. 이제 부동산 관련 투자 분석과 리포트를 작성할 때 남들과는 다른 나만의 무기가 있어야 한다. 그러나 많은 시간과 노력을 투자해 분석해야 한다면 아무도 하지 않으려 할 것이다. 이러한 시대적 요구에 맞게 빅데이터가 등장하게 되었다. 그러나 많은 중개인이나 투자자는 빅데이터에 대한 관심은 있지만, 실제 활용방법에 대해 어려워하고 있다. 이제 쉽게 시작해 나만의 무기를 만들자!

GIS 부동산 투자 분석 전문가 되기

부동산 시장은 시대의 흐름과 국가의 정책, 경제의 향방, 지역의 요건 등에 따라 빠른 속도로 변하고 있다. 전국의 주요 대학에는 부동산학과가 만들어졌고, 이미 부동산과 관련된 다양한 연구가 학계에서 발표되고 있다. 또한 부동산 관련 학과를 졸업한 젊은 인재들이 부동산 관련 분야에 취업하거나 직접 창업을 하고 있다.

빅데이터를 활용한 다양한 통계기법이 등장하고, 새로운 금융 기법이 부동산 분석 시장과 결합되고 있다. 그러나 대부분의 부동산 투자와 중개 등과 관련된 모든 분석가들은 수많은 다양한 분석 기법을 따라갈 수 없다. 이제는 선택해야 할 때가 온 것이다.

그중에 GIS를 활용한 분석법은 처음 중개업을 하거나 각종 프랜차이즈 전문점에 취업을 위한 중요한 무기가 될 수 있다. GIS 프로그램은 다양한 정보를 고객에게 시각적으로 제공할 수 있고, 각종 보고서 작성에 큰 도움을 줄 수 있다.

또한 빅데이터의 활용방법은 분석자의 이용 방법에 따라 다양하게 응용할 수 있다. 부동산 중개업뿐만 아니라 프랜차이즈 회사에 입사해 점포 개발, 창업, 투자와 관리 등 그 활용 분야가 무궁무진하다. 특히 부동산 중개업 분야는 과거와 달리 중개인이 가만히 앉아서 중개를 하던 시대는 이미 끝났다. 이제는 고객에게 필요한 정보를 주며 중개를 하는 시대가 된 것이다.

빅데이터 시대의 가장 좋은 점은 고객을 위한 다양한 정보를 빠른 속도로 시각화해서 보여줄 수 있으며, 빠른 결정을 내리는 데 도움을 준다. 과거에는 경험에 의존해 분석하고 말로 하던 것을 지금의 젊은 분석가들은 과학적인 분석과 표현 방식으로 고객에게 정보를 제공한다. 이제는 경험이 부족해도 과학적인 분석 방법으로 극복할 수 있는 시대가 된 것이다. 처음 부동산을 중개하거나 상권을 분석하는 분석가는 경험이 부족해 중개에 어려움을 많이 느낀다. 그러나 이제는 걱정하지 않아도 된다. 부족한 경험을 빅데이터가 해결해줄 것이다.

현재 각 기관에서는 다양한 인구정보, 건축물에 대한 정보, 토지 이용에 관한 정보, 업종에 대한 정보 등 다양한 정보를 제공하고 있다. 분석가는 대부분의 정보를 무료로 이용할 수 있다. 그중에 GIS 프로그램을 활용한 분석은 빅데이터를 활용해 부동산의 토지, 주택, 상가 등 다양한 정보를 가공, 분석해 고객에게 직접 눈으로 확인할 수 있게 한다.

이 책은 기본적으로 컴퓨터를 사용할 수 있는 사용자와 처음 GIS 프로그램을 접하는 사용자를 위해 이론적인 사항은 철저히 배제했고, 실무에서 바로 적용할 수 있게 구성했다. 그러나 사용상에서 알아야 할 내용은 간단하게 설명했다.

입지와 상권 분석을 해본 적 있는가?

실제 프랜차이즈나 창업을 위해 일부 상권 분석을 해본 독자를 제외하고는 대부분의 독자들은 경험이 없을 것이다. 특히 부동산 중개업을 하면서 '상가 전문'이라고 홍보는 하지만, 실질적인 상권·입지 분석을 해본 경험이 없을 것이다.

상권 분석 현장에서 보고서를 작성하기 위해서는 자신이 잘 아는 업종이나 현장에서 실무 경험이 최소한 3년 이상이 되어야 가능할 것이다. 그러나 그 업종과 현장을 벗어나면 어려워진다. 하지만 빅데이터를 이용한 GIS 프로그램의 활용은 이러한 어려움을 극복하게 해준다.

이 책은 부동산에 포커스를 맞추고 있으며, 상권 분석을 위한 각종 점포정보와 전국의 상권을 토대로 연습할 수 있게 했다. 그리고 이 책에서 사용하는 데이터는 필자의 네이버 카페에서 정보를 제공하고 있으며, 앞으로 현장에서 필요한 데이터를 구할 수 있는 사이트를 모두 소개해줄 것이다. 그리고 현장 업무에서 사용하게 될 다양한 데이터를 카페에 올려놓을 것이다(신교수의 상가투자 길라잡이, https://cafe.naver.com/ismaple).

필자의 상권이 만들어지는 원리를 정리한《상가 형성 원리를 알면 부동산 투자가 보인다》를 읽고 GIS 프로그램을 활용하면 고객에게 상권에 대한 설명이 가능해질 것이며, 고객은 눈으로 보고 투자를 결정할 수 있을 것이다.

이 책을 선택하는 순간 당신은 GIS 프로그램을 활용한 빅데이터 분석가로서 길을 가게 된다. 처음 접하는 분야라 쉽지 않겠지만, 미래의 당신을 위해 반드시 가야 할 길임을 기억하자.

저자 일동

Chapter 09 GIS 상권 분석

Chapter 01

QGIS 소프트웨어 소개

1. GIS 프로그램 소개

GIS 프로그램은 지리정보의 수집, 데이터 분류, 저장, 관리, 질의, 분석과 표현 등의 다양한 활용이 가능한 공간정보 분석 프로그램이다. 현재 전 세계적으로 가장 많이 사용하고 있는 것은 ESRI사의 ARC GIS이지만, 그 비용 부담이 너무 높아 일반인이 사용하기에는 다소 무리가 있다. 그러나 대안으로 오픈소스 소프트웨어라 할 수 있는 다양한 소프트웨어가 존재한다. 이 책에는 비용 부담이 큰 소프트웨어를 대신해 오픈소스 프로그램인 QGIS를 기준으로 설명하도록 하겠다.

QGIS는 Quantum Geograhic Information System의 약자이며, FOSS4G [1] 프로젝트의 일환으로 일반 데스크 탑의 GIS분야에서 가장 안정적인 소프트웨어 중 하나다. 가장 안정적인 이유는 전 세계의 많은 데이터 분석가들이 사용, 개발하고 있기 때문이다.

여기에서 오픈이라고 하는 뜻은 무료로 제공하는 의미가 아

---

[1] Free and Open Source Software : 최근에 오픈되었다는 의미와 무료 사용이 가능하다는 의미다.

니라 소프트웨어의 소유권이 독점되어 있지 않다는 것을 의미한다. 특정 소프트웨어는 유료로 운영되는 경우도 있다. 오픈 소스라고 하는 것은 개발에 필요한 소프트웨어 소스가 공개되어 있고 재가공해 다시 배포할 수 있는 특징일 뿐이다.

또한 QGIS는 오픈소스 프로젝트로 많은 자원봉사자와 그 봉사자들의 단체에 의해 관리되고 있으며, 전 세계의 많은 개발자들이 자율적으로 새로운 기능을 플러그인 형태로 지원하고 있다.

이 프로그램은 http://www.qgis.org/ko/site/index.html 에서 다운 받을 수 있다. 한국에는 OSGeo 한국에 지부(http://www.osgeo.kr)가 있으며, 오픈소스 GIS 관련 정보를 제공한다.

[자료 1-1] QGIS 프로그램 홈페이지

2. QGIS 설치와 UI

앞에서 설명한 홈페이지에서 과거의 배포본을 선택한 후 windows 64bit(최신 컴퓨터는 64bit로 설치)의 'QGIS-OS-Geo4W-2.10.1-1-Setup-x86_64.exe' 프로그램을 내 컴퓨터에 저장한다. 필요시 필자의 카페에서 다운 받을 수 있다.

설치방법은 매우 간단하므로 책에서는 생략하기로 하며, 전체적인 구성에 대해 설명하겠다. 이제 바탕화면에서 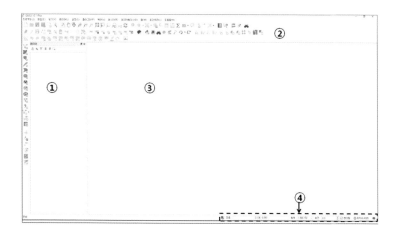 그림을 더블클릭한다.

[자료 1-2] QGIS 실행화면

[자료 1-2]처럼 QGIS의 실행 화면이 나타나게 된다. ①번 화면이 필자의 실행화면과 다르게 나오더라도 당황하지 말자. 화면 구성은 이 책을 실행하면서 하나씩 변화를 줄 것이다.

1) 화면 구성과 특성

① 레이어 목록 및 브라우저 패널

레이어 목록은 앞으로 이용자가 각종 공간정보 데이터를 불러오게 될 경우 볼 수 있으며, 그 속에서 다양한 데이터, 속성 등을 이용할 수 있다. 브라우저 패널 또한 사용자의 용도에 맞춰 얼마든지 패널을 바꿀 수가 있다.

② 상단 메뉴바

이 프로그램에서 사용할 수 있는 모든 기능을 모아둔 곳으로 각 기능 중 자주 사용하는 기능은 별도로 그림에서 ②처럼 바로가기 툴바를 활용할 수 있다. 일종의 자주 사용하는 도구 모음이라고 생각하면 된다.

③ 맵 캔버스

앞으로 사용자가 다양한 데이터나 지도 및 각종 정보를 불러와서 데이터 분류나 각종 표현 등을 하게 될 맵 캔버스에 해당된다.

④ 상태표시줄

현재 맵과 관련된 정보나 축적, 좌표 등의 정보를 제공한다.

이 책에서 사용되는 데이터는 네이버 카페 '신교수의 상가 투자 길라잡이'에서 다운 받을 수 있다. 네이버 카페 주소 ht-tps://cafe.naver.com/ismaple 또는 네이버 검색창에서 '신교수의 상가투자 길라잡이'를 검색하면 된다. 카페에 올려놓은 'GIS DATA' 학습용 파일을 다운받아 Windows의 문서 폴더에 저장한다.

Chapter 02

사용
메뉴

1. 메뉴 소개

QGIS 프로그램을 사용하기 전에 자주 사용하는 메뉴와 그 기능에 대해 간단하게 설명한다. 기본적으로 [자료 2-1]과 같이 메뉴 바에는 12개의 항목이 있다. 그중에 자주 사용할 메뉴를 도구모음에 모아서 설명한다.

[자료 2-1] 메뉴의 주요 항목

QGIS2.10.1-Pisa
프로젝트(J) 편집(E) 보기(V) 레이어(L) 설정(S) 플러그인(P) 벡터(o) 래스터(R) 데이터베이스(D) 웹(W) 공간처리(c) 도움말(H)

1) 도구 모음 등록

'메뉴'에서 세부적인 기능을 찾아서 명령어를 입력하기에는 번거롭다. 따라서 자주 사용하는 기능을 모아 놓을 수 있다. '메뉴'에서 오른쪽 버튼을 누르면 [자료 2-2]와 같은 창이 나오는데 [자료 2-2] 같이 선택해준다.

[자료 2-2] 도구편집

```
☐ GPS 정보
☐ Spatial Bookmarks
☐ User input
☒ 고급 디지타이징
☒ 레이어
☐ 레이어 순서
☐ 로그 메시지
☐ 실행취소/다시실행
☐ 오버뷰
☒ 좌표 독취
☒ 최단 경로
☐ 타일 스케일
☒ 탐색기
☐ 탐색기 (2)
☐ 통계
⚙ 툴박스(T)
──────────────
☐ Anaximandre
☐ Command Bar
☒ 고급 디지타이징
☐ 데이터베이스
☒ 도움말
☒ 디지타이징
☒ 라벨
☐ 래스터
☒ 레이어 관리
☐ 벡터
☒ 속성
☒ 웹
☒ 지도 탐색
☒ 파일
☐ 플러그인
```

① **레이어** : 왼쪽에 레이어 목록 창이다.

② **좌표 독취** : 사용자가 원하는 공간의 좌표를 확인할 수 있다.

③ **최단경로** : 분석 대상지의 도로를 기준으로 가장 빠른 길을 찾을 수 있다.

④ **탐색기** : 사용자가 원하는 파일을 윈도우 방식으로 찾을 수 있다.

⑤ **고급 디지타이징** : 객체를 편집할 때 사용한다. ▨을 눌러야만 활성화된다.

⑥ **디지타이징** : 기본적인 편집에 사용된다. 속성 테이블 편집에도 사용된다.

⑦ **라벨** : 선택한 객체의 이름표를 편집 및 수정할 수 있다.

⑧ **레이어 관리** : 화면 왼쪽의 각종 레이어를 불러올 수 있다.

⑨ **속성** : 레이어를 선택, 계산, 거리측정, 속성 테이블 보기 등의 기능을 불러온다.

⑩ **지도탐색** : 맵 캔버스상에서 확대, 축소, 이동 등의 기능이 들어 있다.

⑪ **파일** : 새로 만들거나 저장하기 등의 기능이 들어 있다.

모든 선택이 완료되면 [자료 2-3]과 같이 메뉴의 도구모음 상단과 왼쪽의 도구들이 모두 위치하고 있을 것이다. 맵 캔버스에 나타난 도구 모음들은 [자료 2-3] 같이 드래그 해서 위치를 조정하면 된다.

[자료 2-3] 도구 모음

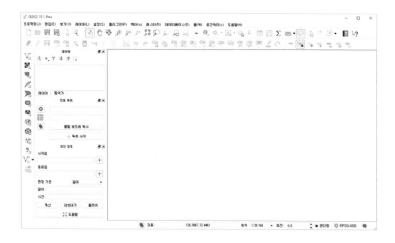

2) 도구 모음 기능

각 도구의 모음에서 가장 많이 사용하는 것 위주로 설명한다.

(1) 파일

메뉴에서 '프로젝트' 항목 중에 자주 사용되는 도구로 구성되어 있다.

[자료 2-4] 파일 도구

① ☐ **새로 만들기** : 맵 캔버스를 처음 상태로 되돌린다.

② ☐ **열기** : QGIS 프로젝트로 저장된 파일을 불러온다.

③ ☐ **저장하기** : '레이어' 목록 창에 프로젝트 진행된 모든 파일을 순서대로 저장한다.

④ ☐ **다른 이름으로 저장하기** : 기존의 파일 정보는 유지하고, 진행한 내용을 다른 이름으로 저장한다.

⑤ ☐ : 새로운 지도 작성 및 각종 주제도 작성한 후 출력한다. 새로운 '구성' 창이 나온다.

⑥ ☐ : 구성 관리자 창이 나오며 구성 템플릿을 바탕으로 파일과 관련된 내용을 수정할 수 있다.

(2) 지도 탐색

메뉴에서 '보기' 기능 중에서 자주 사용되는 기능이 구성되어 있다. 화면의 확대, 축소, 이동 등의 기능으로 구성되어 있다.

[자료 2-5] 지도 탐색 도구

가장 많이 사용되는 기능은 빨간색 박스의 내용이다.

① ✋ : 지도 이동을 위해 사용한다. 편집 작업 시 많이 사용된다.

② ✥ : 파일을 처음 불러왔을 때 객체만 이동할 수 있다. 이후엔 객체이동이 되지 않는다.

③ 🔍⊕ 🔍⊖ : 화면 확대와 축소를 할 수 있다. 마우스의 스크롤을 움직여도 크기가 조정된다.

④ ⛶ : 맵 캔버스의 작업 화면을 좌표 설정 값의 크기에 맞게 화면을 채워준다.

(3) 속성 모음

맵 캔버스상의 객체를 선택하거나 속성 테이블의 각 데이터를 수정 및 계산할 수 있는 기능 등을 모아놓은 속성 모음이다.

① : 객체의 정보를 확인하는 기능으로 속성 테이블의 속성값이 나온다.

② : 맵 캔버스에서 진행 중인 객체를 선택할 수 있다. ▼을 선택하면 사용자가 원하는 방식으로 객체를 선택할 수 있고, 선택된 객체는 노란색으로 변한다.

③ : 선택된 모든 객체가 해제된다.

④ : 선택된 객체에 대한 필드 계산기 창이 생성된다.

⑤ : 선택된 객체의 속성 테이블 창이 나오며 해당 객체의 데이터를 볼 수 있다.

⑥ : 필드 계산기로 속성 테이블의 객체에 대한 연산 작업을 할 수 있다.

⑦ ∑ : 통계창이 생성되며 기본적인 통계 정보를 획득할 수 있다.

⑧ : 기본적으로 선의 길이를 측정하며, ▼을 선택하면 면적, 각도를 측정할 수 있다.

⑨ : 맵 캔버스에서 작업 중인 파일에 대한 북마크를 할 수 있으며, 북마크 창이 생성된다.

⑩ : 북마크 창에 북마크 속성이 추가된다.

(4) 디지타이징 모음

메뉴의 '편집'에서 자주 사용하는 기본 디지타이징이다. 객체를 대상으로 수정, 편집, 저장 등의 기능을 담당한다. 먼저 편집모드 ✒️를 선택해야 기능이 활성화된다.

[자료 2-7] 디지타이징 도구 모음

① ✒️. : 현재 작업한 레이어 작업 내용을 수정한다. 하단의
　　　▼을 선택하면 세부내용이 나온다.
② 💾 : 디지타이징 작업을 마무리한 파일을 다른 이름으로
　　　저장할 수 있다.
③ 🖱️ : 기존의 객체에 추가해 객체를 만들 수 있다.
④ 🖱️ : 구분되어 있는 객체를 이동할 수 있다.
⑤ 🖊️ : 노드를 추가 또는 삭제, 이동을 할 수 있다.

(5) 고급 디지타이징 모음

메뉴의 '편집' 기능을 모아놓았다. 기본적인 디지타이징 기능 외에 보다 세부적으로 객체를 편집할 수 있다.

[자료 2-8] 고급 디지타이징 도구 모음

① ↰ : 디지타이징 작업한 전 작업 상태로 되돌릴 수 있다.

② : 객체를 선택한 후 회전시킬 수 있다. 회전의 각도는 사용자가 원하는 각도이며, 프리핸드 방식이다.

③ : 폴리곤의 점의 수가 많아서 복잡할 경우 폴리곤의 점의 수를 줄여 단순화할 수 있다. 지형상 복잡하게 구성된 객체를 단순하게 만들 수 있다.

④ : 객체에 구멍을 만들 수 있는 기능이다. 선택된 공간의 공간 데이터가 사라진다.

⑤ : 편집할 객체를 속성 테이블에서 선택하면 해당 객체가 편집모드로 변한다(노란색). 편집 가능한 모드로 바뀌면 연결해 새로운 객체를 추가할 수 있다.

⑥ : 구멍 난 객체를 다시 채우는 기능으로 새로운 객체가 생성된다.

⑦ : 구멍이 만들어진 객체를 다시 취소하는 기능이다. 해당 공간을 클릭하면 구멍이 사라진다.

⑧ : 추가된 객체를 선택하면 삭제된다.

⑨ : 기존의 객체 속성을 그대로 유지한 채 공간을 확장시켜준다.

⑩ 🔧 : 하나의 객체를 2개의 객체와 속성을 분리한다.

⑪ 🔧 : 하나의 객체를 분리하며 뒤의 객체를 삭제시켜준다.

도구모음의 활성화되지 않은 기능은 사용하면서 자동으로 활성화된다. 하나씩 사용하면서 배워갈 수 있다.

(6) 라벨 편집 모음

'레이어' 목록에서 해당 파일을 선택하면 '속성' 항목이 나온다. 속성 항목 중에 '라벨' 항목에 대한 도구 모음이다.

[자료 2-9] 라벨 편집 도구 모음

① 🔤 : 객체의 속성 테이블에서 등록된 칼럼에 대한 이름을 입력할 수 있으며, 글자에 대한 편집이 가능한 도구다.

② **기타 다른 기능** : '속성' 항목을 이용하면 활성화된다.

(7) 레이어 추가 모음

메뉴에서 '레이어' 항목의 레이어 생성, 추가 관련 도구를 모아놓은 항목이다. 주로 사용하는 항목만 설명한다.

[자료 2-10] 레이어 추가 모음

① : 확장자명이 .shp인 벡터레이어를 불러온다.

② : 확장자명이 .TIF인 레스터데이터를 불러온다.

③ : 확장자명이 .CSV인 텍스트데이터를 불러온다.

④ : 새 벡터레이어인 점, 선, 다각형 형태를 만들 수 있다.

2. 좌표 등록

QGIS를 설치하면 기본적으로 좌표가 등록되어 있지 않다. 첫 데이터를 오픈하면 기본적으로 맵 캔버스에 첫 데이터의 위상이 표현된다. 만약 동일한 좌표계를 사용한 데이터를 불러왔을 경우에는 두 번째 위상도 표현되지만, 다른 좌표계를 사용한 데이터를 불러올 경우 맵 캔버스에 위상이 표현되지 않는다. GIS 프로그램 특성상 좌표계를 기준으로 표현해주기 때문이다. 따라서 QGIS를 원활하게 사용하기 위해 우리나라에서 자주 사용하는 몇 가지 좌표계를 먼저 등록하겠다.

1) WGS 84(EPSG:4326)

메뉴에서 '프로젝트-프로젝트 속성'을 선택한다.

[자료 2-11] 프로젝트 속성

'프로젝트 속성 | 좌표계'창이 나오면 다음 순서대로 좌표계를 등록한다.

① "'실시간' 좌표계 변환활성화"를 선택한다.

② 필터에 EPSG:4326을 입력한다.

③ '세계의 좌표계'에 'WGS 84 EPSG:4326'이 나타난다.

④ 해당 좌표계를 선택한 후 '적용'을 누른다.

⑤ 최근 이용한 좌표계로 'WGS 84 EPSG:4326' 좌표계가 등록된다.

2) Korea 1985/Modified Central Belt(EPSG:5174)

[자료 2-12] WGS 84 설정

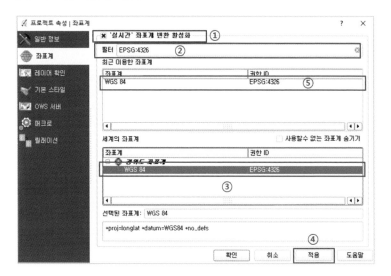

다음은 'Korea 1985/Modified Central Belt/EPSG:5174' 좌표계를 등록한다. 등록방법은 앞에서 설명한 방법과 동일하다.

[자료 2-13] EPSG:5174 설정

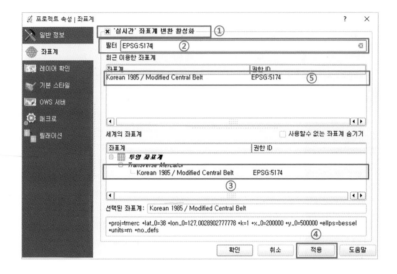

3) Korea 2000/Central Belt(EPSG:5181)

[자료 2-14] EPSG:5181 설정

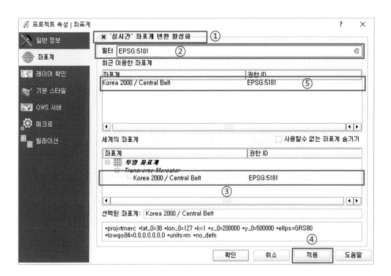

4) 사용자 정의 좌표계 등록

세계의 좌표계에서 스크롤바를 아래로 내린 뒤 '사용자 정의 좌표계'가 나오면 선택한 후 '적용'을 선택하고 '확인'을 클릭한다([자료 2-15] 참조).

[자료 2-15] 사용자 정의 좌표계 설정

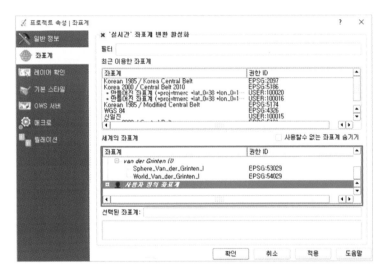

이제 기본적인 좌표계 등록이 마무리되었다. 좌표계는 앞으로 각종 GIS 데이터를 불러오면 정확한 좌표가 입력되어야 각 객체의 위치가 일치된다.

3. 데이터 불러오기

이제 서울시 강남구의 커피전문점과 서울시 강남구의 행정
동 지도 데이터를 불러오자.

예제 1	파일 위치	좌표체계
shp 파일 CSV 파일	문서/GIS DATA/실습 1/gangnam_gu_dong_shp 문서/GIS DATA/실습 1/강남구 커피전문점.CSV	만들어진 좌표 WGS 84

먼저 shp 파일은 메뉴에서 '레이어-레이어 추가-벡터 레
이어 추가'를 선택하고, CSV 파일은 메뉴에서 '레이어-레이
어 추가-구분자로 분리된 텍스트 레이어를 추가'를 선택한다.

'문서-GIS DATA-데이터 열기' 폴더에서 'gangnam_gu_
dong.shp' 파일과 '강남구 커피전문점.csv' 파일을 순서대로
연다.

[자료 2-16] 데이터 불러오기

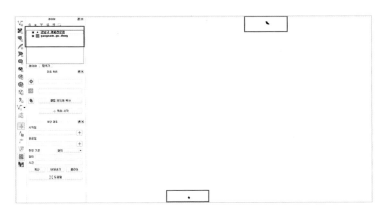

[자료 2-16]과 같이 데이터를 불러오면 'gangnam_gu_dong.shp'와 '강남구 커피전문점'이 서로 멀리 떨어져 있거나 심지어 맵 캔버스에 위상이 나타나지 않을 수도 있다. 그러나 당황하지 말고 좌표계를 맞추면 한 공간으로 합쳐질 것이다.

먼저 커피전문점의 좌표를 'WGS 84'[2] 좌표체계로 선택하자([자료 2-17] 참조). 레이어 목록 창에서 '강남구 커피전문점'을 선택한 후 오른쪽 마우스를 클릭한 후 '레이어 좌표계

---

2) 출처 : 조창선,《해양용어사전》, 일진사, 2005.
　　GPS가 사용하는 기준좌표계로써 GPS에 의한 모든 위치는 WGS 84상에서 결정된다. WGS 84는 여러 가지 관측 장비를 가지고 전 세계적으로 측정해 온 지구의 중력장과 지구 모양을 근거로 해서 1984년에 만들어진 ECEF(Earth - Centered, Earth - Fixed) 좌표계로써 지구 전체를 대상으로 하는 세계 공통 좌표계다. WGS 84는 지구의 질량 중심에 위치한 좌표 원점과 X, Y, Z축으로 정의되는 좌표계다.

설정'을 선택하면 좌표계를 변경할 수 있는 창이 나온다.

[자료 2-18]의 '좌표계 선택' 창에 다음과 같이 입력한다.

①번 '필터' 창에 직접 '4326'을 입력한다.

②번의 '최근 이용한 좌표계' 창에서 선택한 후 '확인'을 누른다.

[자료 2-17] 좌표계 선택   [자료 2-18] WGS 84 선택

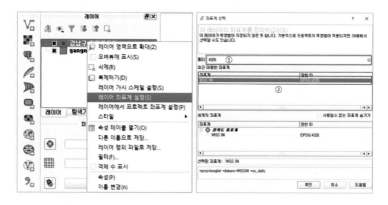

아마 맵 캔버스에서 위상들이 모두 사라지거나 맵이 일치하지 않을 수 있다. 그러나 서로의 좌표계가 달라서 이런 현상이 나타나므로 'gangnam_gu_dong.shp' 파일을 선택한 후 오른쪽 마우스를 클릭하면 좌표계를 동일하게 설정할 수 있다.

'레이어' 목록에서 'gangnam_gu_dong.shp'파일을 선택해 오른쪽 마우스를 눌러 레이어 좌표계 설정을 클릭한다.

[자료 2-19]와 같이 QGIS를 설치하면서 자동으로 '만들어진 좌표계'가 생성된다. 해당 좌표계를 선택한다.

[자료 2-19] 만들어진 좌표계 선택

[자료 2-19]와 같이 지도와 행정 공간, 커피전문점의 위치가 일치하는 모습을 볼 수 있다. 지도는 다음 장에서 '플러그인' 메뉴를 활용해 'TMS for Korea'를 설치하는 방법에 대해 자세히 다루도록 하겠다.

[자료 2-20] 행정지도와 커피전문점의 위치

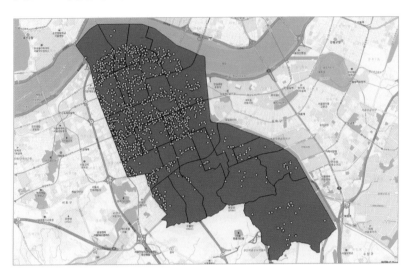

    GIS 프로그램 특성상 항상 좌표체계에 의해 움직인다. 지금까지 좌표체계를 순서대로 잘 등록하고 따라 했으면 가장 어려운 고비를 넘겼다고 할 수 있다.

Chapter 03

데이터 열기

QGIS는 다양한 파일을 불러올 수 있다. 그중에 가장 많이 사용하는 .CSV와 .shp 파일을 선택해 불러오는 연습을 하도록 하자. 각 파일의 특징은 해당 메뉴를 사용할 때 설명하도록 하겠다.

1. CSV 파일 불러오기

QGIS를 사용하기 위해 다양한 점포정보를 불러오게 되는데, 주로 CSV, shp, dbf 파일을 많이 사용하게 된다. 먼저 CSV 파일은 두 가지 형태로 불러오게 되는데, 좌표정보를 가지고 있는 데이터와 좌표정보 없이 단순 데이터의 형태로 불러올 수 있다.

좌표정보가 있는 CSV 파일은 맵 캔버스에 좌표의 위치에 따라 정보가 표현된다.

1) CSV 파일 불러오기

메뉴에서 '벡터-레이어 추가-구분자로 분리된 텍스트 레이어를 추가…'를 선택해 불러오는 방법([자료 3-1] 참조)과 화면 좌측의 메뉴 모음바에서 그림을 선택해 불러올 수 있다.

[자료 3-1] CSV 파일 불러오기

[자료 3-2]와 같이 사용자가 작업할 데이터를 선택할 수 있는 화면이 나오게 된다.

[자료 3-2] 구분자로 분리된 텍스트 파일에서 레이어 만들기 창

[자료 3-2]에 첫 번째 '파일 이름' 란에서 '탐색'을 선택하면 원하는 파일의 위치를 찾아 파일을 선택하면 된다. '파일 포맷'은 CSV(쉼표로 구분된 값)를 선택한다.

만약 좌표 값이 필드에 경도, 위도로 저장되어 있는 경우 X 좌표 값에 경도, Y좌표 값에 위도를 선택하면 되며, 필드명에 X와 Y로 저장되어 있을 경우 자동으로 입력된다.

예제 1	파일 위치	좌표체계
CSV 파일	문서/GIS DATA/실습 1/강남구 커피전문점.CSV	WGS 84

[자료 3-3]과 같이 '탐색'을 선택하면 '구분자로 분리된 텍스트 파일 열기'창이 나온다. 파일은 '문서-GIS DATA-실습 1' 폴더 안에 있다. 강남구 커피전문점.CSV 파일을 선택한 후 '열기'를 누르면 해당 데이터가 '파일 이름' 란에 등록된다.

[자료 3-3] 구분자로 구분된 텍스트 파일 열기

[자료 3-4]는 강남구 커피전문점 데이터를 불러온 화면이다. 그림의 하단을 보면 강남구에 위치한 많은 커피전문점 정보가 나타난다. 이 화면은 데이터의 미리 보기 기능이라고 생각하면 된다. 만약 좌표정보가 없는 데이터라면 '지오메트리

정의'에서 '○ 지오메트리가 아님(단지 속성 테이블임)'을 선택하면 속성 테이블에 대한 정보만 '레이어'목록에 나타난다.

그리고 한글이 깨져서 나올 경우에는 '인코딩'에서 'System을 UTF-8' 또는 'UTF-8을 System'으로 교체하면 된다.

빨간색 박스를 보면 커피전문점의 위치에 따른 좌표정보가 들어가 있다. '확인' 버튼을 누르면 QGIS의 맵 캔버스에 강남구에 소재한 커피전문점의 위치가 나타나게 된다.

[자료 3-4] 좌표 설정

맵 캔버스에 [자료 3-5]와 같이 강남구의 커피전문점이 모두 입사되었다. 시각적으로 커피전문점이 모여 있는 곳과 분

산되어 있는 것들이 확인되고 있다. 그러나 아직까지는 정확하게 위치가 어디인지 알 수가 없다.

[자료 3-5] 맵 캔버스 화면 생성

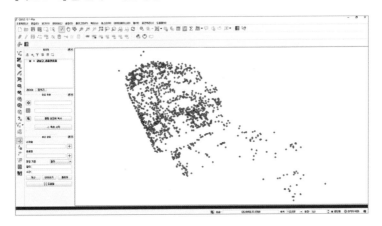

[자료 3-5] 화면 왼쪽의 '레이어' 목록에 '강남구 커피전문점'이 자동으로 생성되고, 맵 캔버스에는 커피전문점의 위치정보가 나타난다. 지금은 단순히 데이터의 점사만 표현되어 있다. 따라서 지도를 활용해 지도상 위치를 확인해볼 수 있다.

2) 플러그인 설치

앞에서 간단한 설명을 했지만 QGIS는 전 세계의 많은 개발자들이 사용 및 개발하고 있으며, 이에 따른 파일의 추가는 '플러그인' 기능을 통해 사용자의 환경에 맞게 추가시킬 수 있다.

다음지도나 네이버지도 등을 QGIS 프로그램에 코딩하기 위해 플러그인 메뉴를 사용한다. [자료 3-6]과 같이 '메뉴-플러그인-플러그인 관리 및 설치…'를 선택한다.

[자료 3-6] 플러그인 설치

[자료 3-7]은 '플러그인 관리 및 설치…'를 선택한 후 나타나는 화면이다.

[자료 3-7]의 '플러그인' 설치 창의 주요 항목은 다음과 같다.
①은 사용자가 필요에 따라 이용할 프로그램의 명칭을 입력할 수 있는 창이다.

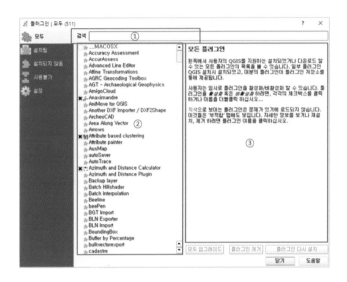

②는 많은 개발자들이 개발한 플러그인 파일 항목이다.

③은 ②에서 보여주는 각 플러그인 파일에 대한 설명과 개발자, 홈페이지 등 다양한 정보를 알 수 있다. 화면의 하단에 '플러그인 다시 설치'를 선택하면 된다.

현재 플러그인에 다운로드해 사용 가능한 파일은 511개이며, 이 중에 파일을 안정적으로 사용할 수 있는 것은 사용자의 시행착오가 있을 수 있다. 따라서 사용 시 주의해야 한다.

[자료 3-8]과 같이 ①에 'TMS for Korea'를 입력하면 자동으로 ②에 해당 플러그인이 나타난다. 우리나라의 지도와

관련해 NGII Maps, Daum Maps, VWorld Maps, Naver Maps, Olleh Maps 지도가 플러그인 된다.

[자료 3-8] TMS for Korea 설치

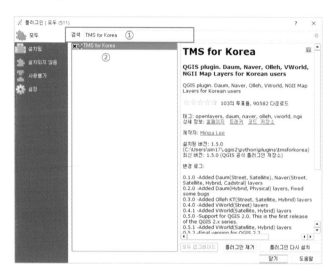

[자료 3-9]는 'TMS for Korea' 플러그인 한 후 메뉴에서 웹을 선택하면 설치된 지도파일이 생성된 것을 알 수 있다.

[자료 3-9] TMS for Korea 설치화면

3) 다음지도 생성

이제 'Daum Maps'를 선택해 지도를 불러오자. '웹-TMS for Korea-Daum Maps-Daum streets'를 선택하면 지도가 맵 캔버스에 생성된다. 지도가 생성되지 않을 경우 다시 한 번 시도하면 지도가 불러오기가 된다. 첫 번째 시도에서 지도가 생성되지 않은 것은 좌표체계의 문제로 인한 것이다.

4) 커피전문점의 좌표계 변경

이제 지도가 생성된 것을 알 수 있다. 그러나 지도는 생성되었지만 커피전문점의 위치가 보이지 않을 수 있다. 이때는 '레이어' 목록 창에서 '강남구 커피전문점'을 선택한 후 오른쪽 마우스를 클릭하면 좌표정보를 변경할 수 있다.

'강남구 커피전문점-레이어 좌표계 설정'을 선택하면 [자료 3-11]과 같이 새로운 좌표 생성 창이 나온다. 좌표계를 'WGS 84' 좌표계를 선택한 후 확인을 누르면 지도에 위치정보가 점사된다([자료 3-11] 참조).

[자료 3-10] 레이어 좌표계 설정 　　　 [자료 3-11] WGS84 좌표 선택

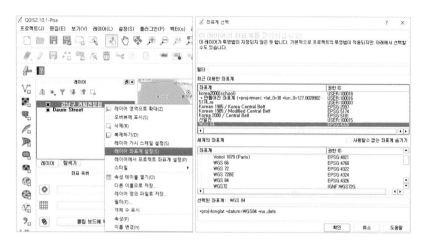

　맵 캔버스에 나타난 [자료 3-12]를 좀 더 자세하게 볼 필요가 있을 것이다. 이때 메뉴에서 도구 모음의 그림을 선택해 원하는 지역을 드래그 해 확대할 수 있다. 또한 마우스 휠을 위아래로 돌리면 확대 또는 축소된다. GIS 프로그램의 장점은 화면을 확대해도 이미지가 흐려지거나 그림 파일처럼 각진 모습이 생기지 않고 자연스러운 화면으로 볼 수 있다.

[자료 3-12] 커피전문점 생성

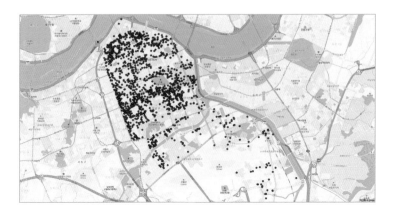

　　[자료 3-13]은 역삼역과 선릉역을 기준으로 화면을 확대해봤다. 지도상의 각 위치에 따라 커피전문점이 입사되어 있다. 다음은 해당 정보에 대한 세부적인 데이터를 확인해보자.

[자료 3-13] 맵 캔버스 확대

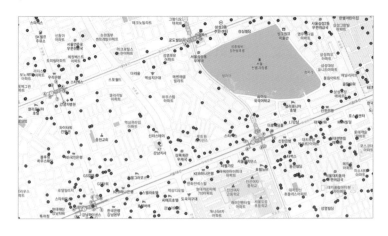

레이어 목록 창의 커피전문점을 선택한 후 다시 오른쪽 마우스를 클릭하면 [자료 3-14]와 같이 세부 목록이 나오게 된다.

5) 속성 테이블의 데이터 확인

[자료 3-14]와 같이 '강남구 커피전문점-속성 테이블 열기'를 선택한다. 또는 화면 상단의 도구 모음에서 ▥을 선택하면 속성 테이블을 열 수 있다.

[자료 3-14] 강남구 커피숍 속성 테이블 열기

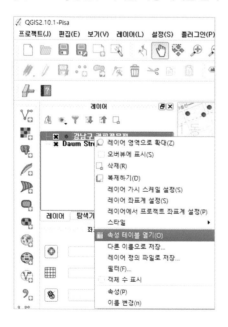

[자료 3-15]와 같이 각 점에 포함되어 있는 세부적인 정보를 확인할 수 있다. 현재(2018년 9월 기준) 강남구에는 1,953개의 커피전문점이 위치하고 있는 것으로 나타났다.

'속성 테이블'에서는 각 세부 정보에 대한 사용자의 필요에 따라 얼마든지 정보를 수정 및 가공할 수 있으며, 별도로 추출된 파일을 새로운 이름으로 저장할 수 있다.

[자료 3-15] 속성 테이블의 정보 확인

	ID_NUM	Name	Sub_Name	B_M_D	M_M_D	S_M_D	STD_IN_D	City_N	Gu_N	H_Dong_N
0	19911397	커피빈코리아	코리아선릉로3	음식	커피점/카페	커피전문점/커	비알콜 음료점업	서울특별시	강남구	역삼1동
1	25458183	chosecoffee	NULL	음식	커피점/카페	커피전문점/커	비알콜 음료점업	서울특별시	강남구	일원본동
2	19989154	카페드림	역삼문화센터점	음식	커피점/카페	커피전문점/커	비알콜 음료점업	서울특별시	강남구	역삼1동
3	20284904	아라비카를	NULL	음식	커피점/카페	커피전문점/커	비알콜 음료점업	서울특별시	강남구	역삼1동
4	19921902	커피빈코리아	코리아강남역	음식	커피점/카페	커피전문점/커	비알콜 음료점업	서울특별시	강남구	역삼1동
5	19979110	티마인드	NULL	음식	커피점/카페	커피전문점/커	비알콜 음료점업	서울특별시	강남구	압구정동
6	20027174	커피빈	코리아강남역	음식	커피점/카페	커피전문점/커	비알콜 음료점업	서울특별시	강남구	역삼1동
7	20023467	커피빈	코리아청담성	음식	커피점/카페	커피전문점/커	비알콜 음료점업	서울특별시	강남구	청담동
8	20017448	커피빈	코리아청담해	음식	커피점/카페	커피전문점/커	비알콜 음료점업	서울특별시	강남구	청담동
9	20278434	cafelYA	NULL	음식	커피점/카페	커피전문점/카	비알콜 음료점업	서울특별시	강남구	도곡1동
10	20306529	투썸플레이스	NULL	음식	커피점/카페	커피전문점/커	비알콜 음료점업	서울특별시	강남구	압구정동
11	20289456	고디바.	가로수길점	음식	커피점/카페	커피전문점/커	비알콜 음료점업	서울특별시	강남구	신사동

2. shp 파일 불러오기

먼저 앞으로 자주 사용하게 될 shp 파일에 대해 간단하게 소개하겠다. shp는 shapefile polygon의 약자로 주로 GIS상에서 사용하고 있지만, 3D프로그램이나 Autocad map에서도 사용되고 있는 공용 표준 포맷이다.

shp 파일은 일반 파일과 같이 파일 하나로 구성되어 실행되는 것이 아니다. 기본적으로 프로젝트가 실행되기 전에 3가지의 구성파일과 프로젝트가 실행된 5가지 파일로 함께 구성되어 있다. 따라서 어느 파일 하나라도 누락되거나 삭제될 경우 실행되지 않을 수가 있으므로 항상 같이 움직여야 한다는 생각을 가져야 한다. 각 종류와 기능은 다음과 같다.

shp 파일의 기능
1. shp : 기하학 정보를 담고 있다.
2. shx : 기하학 정보의 Index를 저장하고 있다(shp 파일의 정보).
3. dbf : 속성정보를 담고 있는 dBASE 파일이다(테이블 형식으로 보여준다).
4. sbn : 공간 인덱스를 저장하고 있다.
5. sbx : 공간을 결합하는 기능과 shp 파일의 필드에 대한 인덱스를 생성할 때 필요하다.

1) 행정지도 불러오기

이제 shp 파일로 구성된 강남구의 행정지도를 맵 캔버스에 불러오자. 해당 파일은 국가에서 제공하는 데이터[3]로 사용자는 얼마든지 다운 받아 사용할 수 있다.

우리나라는 주소 체계를 법정동, 행정동[4]으로 사용하고 있으며, 주소 체계는 법정동 주소, 행정동 주소, 도로명 주소를 사용하고 있다. 지도는 주로 법정동과 행정동으로 구분되어 있으며, 법정동보다는 행정동 단위가 더 세분화되어 있다.

서울시를 예를 들어 쉽게 설명하면 법정동은 ○○동, ××동으로 구분하지만, 행정동은 ○○1동, ○○2동, ××1동, ××2동으로 구분해 사용하고 있다. 따라서 정보를 분류할 때는 행정동이 보다 세분화되어 있어 행정동 단위로 사용하면 신뢰도를 높일 수 있다.

일반적인 데이터는 대부분 법정동명과 행정동명을 함께 데이터에 포함하고 있는 경우가 많으며, 필요에 따라서는 구분

---

3) 국가공간정보포털(http://www.nsdi.go.kr/lxportal/?menuno=2679).
4) 행정동은 행정 운영 시 편의를 위해 설정한 행정구역이다. 주민 수의 증감에 따라 수시로 설치 또는 폐지된다. 반면 법정동은 대부분 1914년 시행된 행정구역을 통폐합 할 때 정해졌다. 예로부터 전해진 고유 지명을 그 명칭으로 하며, 거의 변동이 없다. 법정동은 신분증, 신용카드 및 재산권과 관련된 각종 공부(公簿)의 주소에 사용되며, 그 공부의 보관과 민원 발급, 주민 관리 등 행정 처리는 행정동에서 관할한다.

해 제공하고 있다.

예제 2	파일 위치	좌표체계
shp 파일	문서/GIS DATA/실습 1/gangnam_gu.shp 문서/GIS DATA/실습 1/gangnam_gu_dong.shp	만들어진 좌표

서울시에서 강남구 지도와 강남구 행정동 지도를 불러온다.
파일의 위치는 '문서/GIS DATA/실습 1' 폴더다.

① 메뉴에서 '레이어-레이어 추가-벡터 레이어 추가'를 선
   택한다. 또는 좌측의 🇻 을 선택한다.
② [자료 3-16]과 같이 '벡터 레이어 추가' 창이 활성화되면
   '소스 유형'은 기본 디폴트 값을 유지하고, '원본 데이터'
   에서 '탐색'을 선택한다([자료 3-17] 참조).

[자료 3-16] 벡터 레이어 추가 메뉴

③ '문서/GIS DATA/실습 1/gangnam_gu.shp'을 선택하면 데이터 셋에 생성된다. 그리고 '열기'를 클릭하면 맵 캔버스에 강남구 지도가 생성된다([자료 3-18] 참조).

[자료 3-17] 벡터레이어 추가 창

④ 다시 메뉴에서 '레이어-레이어 추가-벡터 레이어 추가'를 선택한 후 gangnam_gu_dong.shp 파일을 선택하면 [자료 3-19]와 같이 강남구의 행정동 단위로 구분된 지도가 나타난다.

[자료 3-18] 강남구 지도

[자료 3-19] 강남구 행정동 지도

2) 라벨 등록

각 행정동이 구획된 공간을 볼 수 있지만 어느 곳인지 정확히 알 수 없다. 그래서 이번엔 '속성' 기능을 이용해 지도 위에 각 행정동의 이름을 입력해보자.

'레이어 목록'을 선택 후 오른쪽 마우스를 클릭하고 '속성'을 선택한다([자료 3-20] 참조).

[자료 3-20] 속성 설정

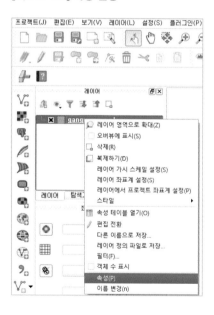

'속성'을 선택 후 [자료 3-21]의 화면에서 다음과 같이 입력한다.

① '라벨'을 선택한다.

② 오른쪽 상단의 '이 레이어의 라벨'을 선택한다.

③ ▼ 누른 후 'DXF_TEXT'를 선택한다.

④의 '텍스트/버퍼 샘플'은 사용자가 편집하는 내용을 미리 보기 할 수 있는 편집 미리 보기 화면이다.

⑤는 '라벨' 항목에서 문자를 다양한 방법으로 편집할 수 있는 세부 속성화면이다.

⑥은 각 세부 속성별 편집을 가능하게 해주는 화면이다.

⑦ 텍스트를 수정하기 위해 ⑤의 메뉴에서 '텍스트-크기-12'를 선택한다.

⑧ '버퍼-텍스트 버퍼 그리기 -크기-1'을 선택한다.

⑨ '그림자-그림자 그리기 선택-나머지 기본값 유지'를 선택한다.

⑩ '배치-센트로이드에서의 거리-사분위-중앙 그림 선택'을 한 후 '확인'을 누르면 지도에 행정동명이 중심에 위치하게 된다([자료 3-22] 참조).

[자료 3-21] 라벨 설정

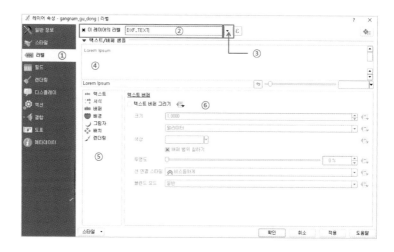

[자료 3-22] 행정동명 입력

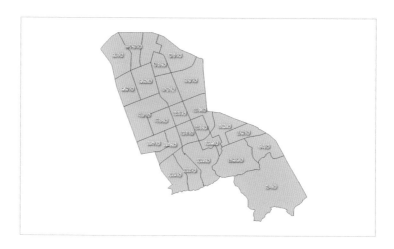

3) 행정동과 커피전문점 데이터 결합

행정동에 커피전문점이 어느 곳에 위치하고 있는지를 연속 지형도 위에 강남구의 커피전문점의 CSV 파일을 입사해보면 다음 [자료 3-23]과 같이 나타나게 된다.

[자료 3-23] 행정동별 커피전문점

시각적으로 판단할 때 역삼1동과 대치4동, 신사동, 압구정 1동 일대에 커피전문점이 많이 모여 있는 것으로 알 수 있다.

3. 저장하기

1) CSV 파일을 벡터 데이터로 저장하기

데이터 작업을 하다 보면 파일을 변환해 사용할 때가 있다. CSV 파일을 벡터 파일로 바꿔 사용할 수 있다. 또한 반대로 벡터 파일을 CSV 파일로 저장할 수 있다. 그러나 벡터 파일에서 CSV 파일로 전환할 경우에는 벡터 파일에 있는 좌표계가 저장되지 않는다. 만약 속성 테이블의 필드에 좌표정보가 있으면 좌표계를 사용할 수 있다.

예제 3	파일 위치	좌표체계
CSV 파일	문서/GIS DATA/실습 1/강남구 커피전문점.CSV	WGS 84

좌측 메뉴 모음 창에서 🔳을 선택한 후 '문서/GIS DATA/실습 1'폴더에서 '강남구 커피전문점.CSV' 파일을 불러온다.

[자료 3-24]와 같이 '레이어' 목록에서 '강남구 커피전문점'

을 선택한 후 오른쪽 마우스를 누르면 파일 속성 창이 나온다.
'다른 이름으로 저장…'을 선택하면 '새 이름으로 벡터 레이어
저장하기' 화면이 나온다.

[자료 3-24] 저장하기

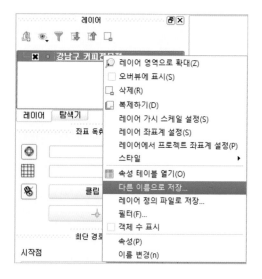

[자료 3-25]의 '새 이름으로 벡터 레이어 저장하기' 창에 다
음과 같이 입력한다.

① 형식 : ESRI Shape 파일을 선택한다.

② '새 이름으로 저장'에서 '탐색'을 선택한 후 '문서/GIS
   DATA/실습 1/result' 폴더에 '강남구 커피전문점'을 입
   력한다.

③ 확인을 누르면 shp 파일로 변환된 파일이 레이어 목록
   창에 나타난다.

[자료 3-25] 저장하기 설정   [자료 3-26] 레이어 목록 등록

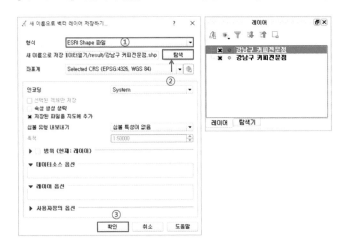

[자료 3-26]과 같이 레이어 목록 창에서 위에 있는 파일이
새로 생성된 파일이다. 레이어의 목록 창에는 사용자가 프로
젝트를 진행하고 있는 파일을 하나씩 보여준다. 필요에 따라
순서를 바꿀 수 있으며, 속성 변환 작업 등 다양한 작업을 진
행할 수 있다.

[자료 3-26]의 첫 번째 '강남구 커피전문점'의 '속성 테이
블'을 열어 보면 CSV의 데이터와 동일한 데이터가 생성된 것
을 알 수 있다([자료 3-27] 참조).

	ID_NUM	Name	Sub_Name	B.M.D	M.M_D	S.M_D	STD_IN.D	City_N	Gu_N	H_Dong_N	R_Dong_N	Land_Type	Road_F
0	19811397	커피에코리아-	코리아선봉로9	음식	커피점/커피	커피전문점/커	비알콜 음료영업	서울특별시	강남구	역삼1동	역삼동	대지	
1	25450103	chosecoffee	NULL	음식	커피점/커피	커피전문점/커	비알콜 음료영업	서울특별시	강남구	일원본동	수서동	대지	
2	19909154	커페드림	역삼문화센터점	음식	커피점/커피	커피전문점/커	비알콜 음료영업	서울특별시	강남구	역삼1동	역삼동	대지	
3	20284904	마리아162카페	NULL	음식	커피점/커피	커피전문점/커	비알콜 음료영업	서울특별시	강남구	역삼1동	역삼동	대지	
4	19921902	커피빈코리아-	코리아강남역	음식	커피점/커피	커피전문점/커	비알콜 음료영업	서울특별시	강남구	역삼1동	역삼동	대지	
5	19979110	티마운드	NULL	음식	커피점/커피	커피전문점/커	비알콜 음료영업	서울특별시	강남구	압구정동	신사동	대지	
6	20027174	커피빈	코리아강남역	음식	커피점/커피	커피전문점/커	비알콜 음료영업	서울특별시	강남구	역삼1동	역삼동	대지	
7	20027467	커피빈	코리아청담점	음식	커피점/커피	커피전문점/커	비알콜 음료영업	서울특별시	강남구	청담동	청담동	대지	
8	20017448	커피빈	코리아청담애	음식	커피점/커피	커피전문점/커	비알콜 음료영업	서울특별시	강남구	청담동	청담동	대지	
9	20278434	cafeIVA	NULL	음식	커피점/커피	커피전문점/커	비알콜 음료영업	서울특별시	강남구	도곡1동	도곡동	대지	
10	20306529	투썸플레이스-	NULL	음식	커피점/커피	커피전문점/커	비알콜 음료영업	서울특별시	강남구	신사동	신사동	대지	
11	20288456	고디바-	가로수길점	음식	커피점/커피	커피전문점/커	비알콜 음료영업	서울특별시	강남구	신사동	신사동	대지	
12	20782926	쥬스에비뉴	NULL	음식	커피점/커피	커피전문점/커	비알콜 음료영업	서울특별시	강남구	대치1동	대치동	대지	
13	20722929	공차	현대백화점무역	음식	커피점/커피	커피전문점/커	비알콜 음료영업	서울특별시	강남구	삼성동	삼성동	대지	
14	20704288	나오미	NULL	음식	커피점/커피	커피전문점/커	비알콜 음료영업	서울특별시	강남구	역삼1동	역삼동	대지	

2) shp 파일을 CSV 파일로 저장하기

GIS 프로젝트를 진행하다 보면 한 번씩 shp 파일을 CSV 파일로 저장할 경우가 있다. 일반적으로 shp 파일에서도 파일의 속성을 변환하거나 각종 계산식을 이용해 칼럼을 추가하거나 변경할 수 있지만, 때로는 CSV 파일로 변환할 때가 있다.

예제 4	파일 위치	좌표체계
shp 파일	문서/GIS DATA/실습 1/result/강남구 커피전문점.shp	WGS 84

사용자가 작업한 파일을 그대로 이용해 파일을 다시 CSV 파일로 변환해보자. 우측 메뉴 바로가기의 [V]을 선택한 후 '문

서/GIS DATA/실습 1/result/강남구 커피전문점.shp'를 불러온다.

[자료 3-28]과 같이 입력한다.

①에서 ▾을 선택해 아래로 스크롤하면 '쉼표로 구분된 값 [CSV]'를 선택한다.

②, ③은 [자료 3-25]와 동일한 방식으로 저장하면 된다.

[자료 3-28] 저장하기 설정

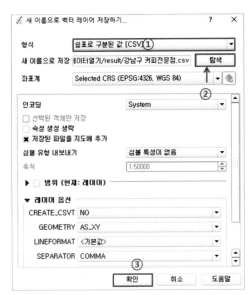

이번에는 CSV 파일에서 벡터 파일로 저장한 모습과 다른

모습의 레이어 목록 창이 나타났다. 이 파일은 지오메트리 파일이 아닌 데이터 파일에 해당되어 맵 캔버스에는 아무 변화가 없다([자료 3-29] 참조). 그러나 현재의 파일은 좌표 값이 입력된 상태이기 때문에 다시 '구분자로 분리된 텍스트 레어이를 추가'를 선택하면 맵 캔버스에 점사된다.

[자료 3-29] 레이어 목록

파일을 CSV로 변환하거나 shp 파일로 변환하면 다양한 데이터 목록을 추가하거나 기존의 칼럼을 삭제하고, 새로운 칼럼을 만들 때 등 다양한 방법으로 편집이 가능하다.

3) 프로젝트 파일로 저장하기

지금까지는 파일을 하나씩 저장해 각각의 이름을 정해 저장했다. 그러나 GIS 분석을 하다 보면 지금까지 순서대로 작업한 파일을 통합 저장해서 다음에 다시 프로젝트 전체를 불러내 연속적으로 작업을 진행할 수 있다.

예제 5	파일 위치	좌표체계
CSV 파일 shp 파일	문서/데이터 열기/강남구 커피전문점.CSV 문서/데이터 열기/gangnam_gu_dong.shp	WGS 84 만들어진 좌표

'예제 5'와 같이 CSV와 shp 파일을 모두 불러온다([자료 3-30] 참조). 불러온 후 벡터 레이어를 아래로 이동시켜 CSV 파일을 위로 위치를 바꾼다. 레이어 목록 창의 파일은 위치를 바꿀 수 있으며, 파일명 앞에 ⊠을 클릭하면 해당 맵 캔버스에서 일시적으로 사라지게 된다.

① 메뉴에서 [자료 3-31]과 같이 '프로젝트-다른 이름으로 저장…'을 선택한다.
② '새 QGIS 프로젝트로 저장할 파일 이름 선택' 창이 나타난다.
③ 저장할 폴더에서 'result'를 선택한 후 파일이름을 '강남구 커피전문점 프로젝트'라고 저장한다.

[자료 3-30] 강남구 커피전문점 분포

윈도우 파일탐색기를 확인하면 [자료 3-32]와 같이 '강남구 커피전문점 프로젝트' 파일이 저장된 것을 알 수 있다.

[자료 3-31] 프로젝트 파일 저장 **[자료 3-32] 프로젝트 파일 형태**

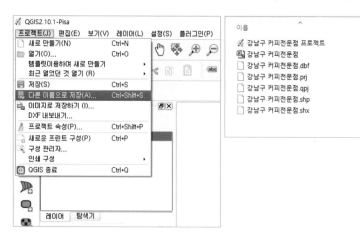

도구모음 창에서 ☐을 선택해 레이어 목록 창을 비운 후 다시 프로젝트 파일을 불러오자. 메뉴에서 '프로젝트-열기'를 선택한 후 '메뉴-데이터 열기-강남구 커피전문점 프로젝트'를 선택한다.

'강남구 커피전문점 프로젝트'명으로 저장된 작업 목록이 순서대로 모두 나타난다.

4) 그림으로 저장하기

지금까지 사용한 파일을 QGIS는 맵 캔버스에서 나타나는 모든 객체를 그래픽 이미지로 저장할 수 있다. 메뉴에서 '프로젝트-이미지로 저장하기'를 선택한다([자료 3-33] 참조).

[자료 3-33] 이미지로 저장하기

이미지로 저장할 수 있는 창이 나오면 저장할 공간인 're-sult' 폴더에 이름을 지정하고 저장하면 Jpeg파일 형식으로 저장된다. 저장된 폴더를 선택하면 윈도우 이미지 보기 창이 나오며, 저장된 이미지를 볼 수 있다.

지금까지 QGIS를 이용해 파일을 불러오고 저장하는 방법과 간단하게 '속성 테이블' 보는 방법 및 '속성'을 변환하는 방법에 대해 연습했다. 컴퓨터를 조금이라도 이용하신 분들은 아마 쉽게 따라올 수 있을 것이다.

하나하나 따라 하다 보면 다양한 기능들을 이용할 수 있다는 것을 알게 되고, 이로 인한 다양한 표현방법과 데이터를 분석할 수 있을 것이다.

Chapter 04

데이터
질의

질의는 사용자가 진행하는 프로젝트의 데이터베이스 내에서 조건을 입력하면 조건에 맞는 정보를 보여준다. 단, 정보를 보여 주기만 할 뿐 데이터베이스 내의 정보가 변경되는 것은 아니므 로 걱정하지 않아도 된다. 변경된 정보는 별도로 저장해야 한다.

1. 속성에 대한 질의

속성에 대한 질의는 데이터베이스 내에서 운영되는 기능이며, 속성에 대한 정보는 필드와 레코드로 구성되어 있다. 데이터의 정보를 탐색하기 위해 질의문을 작성하게 되는데, 질의문 작성에 는 다양한 연산자가 있다. 처음 사용하는 사용자를 위해 세부적 으로 어려운 내용은 생략하고, 사용하는 방법에 대해 설명하겠다.

1) 파일 불러오기

예제 1	파일 위치	좌표체계
CSV 파일	문서/GIS DATA/실습 2/서울시 행정동별 인구.CSV	WGS 84

'문서/GIS DATA/실습 2'폴더에서 '서울시 행정동별 인구.CSV' 파일을 선택한다. 이 파일은 좌표정보가 데이터로 불러오기에서 데이터 형식으로 불러와야 한다. 화면 왼쪽의 도구 모음에서 ⌗ꓹ을 선택한다.

'구분자로 분리된 텍스트 파일에서 레이어를 만들기' 창([자료 4-1] 참조)이 나오면 다음과 같이 입력한다.

① '⊙ CSV(쉼표로 구분된 값)'를 확인한다.

② '○ 지오메트가 아님(단지 속성 테이블임)'을 선택한다.

③ 이 창은 데이터의 '미리 보기'라고 생각하면 된다.

[자료 4-1] 구분자로 분리된 텍스트 파일 열기

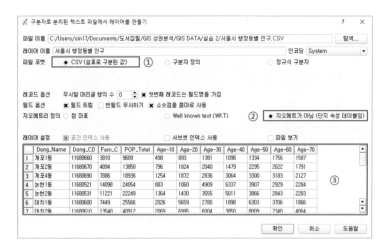

부동산 중개, 이제 GIS 시대다!

맵 캔버스에 아무것도 나오지 않고 단지 레이어 목록 창에 ▨▨ **서울시 행정동별 인구** 에 대한 정보만 나올 것이다. 이것은 해당 파일이 좌표체계가 들어 있지 않는 순수한 데이터이기 때문이다.

'레이어'목록에서 '서울시 행정동별 인구'를 선택한 후 오른쪽 마우스를 클릭해 '속성 테이블'을 클릭하면 [자료 4-2]와 같이 해당 파일의 세부 속성이 나온다.

[자료 4-2] 서울시 행정동별 인구 속성 테이블

	Dong_Name	Dong_CD	Fam_C	POP_Total	Age-10	Age-20	Age-30	Age-40	Age-50	Age-60	Age-70
0	개포1동	11680660	3810	9629	498	893	1381	1096	1334	1756	1587
1	개포2동	11680670	4894	13050	796	1824	2040	1479	2295	2622	1791
2	개포4동	11680690	7886	18936	1254	1872	2836	3064	3300	3183	2127
3	논현1동	11680521	14098	24054	883	1060	4909	6337	3907	2929	2294
4	논현2동	11680531	11221	22249	1364	1430	3555	5011	3666	2843	2283
5	대치1동	11680600	7449	25566	2026	5659	2790	1898	6303	3706	1866
6	대치2동	11680610	13540	40912	2069	6995	6004	3850	8009	7340	4064
7	대치4동	11680630	10224	21373	863	2835	3686	3724	4388	3170	1494
8	도곡1동	11680655	8522	22844	1926	2431	3399	3548	3928	3550	2422
9	도곡2동	11680656	11984	34716	2947	4931	4377	4195	6755	5380	3531
10	삼성1동	11680580	5877	15243	1070	1530	2231	2425	2573	2414	1727
11	삼성2동	11680590	13173	30340	2624	3469	4001	5619	6416	3778	2376

2) 속성 테이블 구성

이제 속성 테이블의 구성에 대해 설명하겠다. 속성 테이블은 필드(Field)와 레코드(Record)로 구성되어 있으며, 이러한 데이터베이스의 구조에서 질의문을 작성할 수 있다.

①**필드** : 해당 데이터의 가장 상단의 위치해 데이터를 구분

해 보여준다.

②**레코드** : 각 데이터의 필드에 값이 입력되어 있다.

[자료 4-3] 필드와 레코드

	Dong_Name	Dong_CD	Fam_C	POP_Total	Age-10	Age-20	Age-30	Age-40	Age-50	Age-60	Age-70
0	개포1동	11680660	3810	9609	430	833	1361	1056	1354	1736	1581
1	개포2동	11680670	4894	13850	796	1824	2040	1479	2295	2622	1791
2	개포4동	11680690	7886	18936	1254	1872	2836	3064	3300	3183	2127
3	논현1동	11680521	14098	24054	883	1060	4909	6337	3907	2929	2284
4	논현2동	11680531	11221	22249	1364	1430	3555	5011	3866	2843	2283
5	대치1동	11680600	7449	25566	2026	5659	2780	1898	6303	3706	1866
6	대치2동	11680610	13540	40912	2069	6995	6004	3850	8009	7340	4064
7	대치4동	11680630	10224	21373	863	2835	3686	3724	4388	3170	1494
8	도곡1동	11680655	8522	22844	1926	2431	3399	3548	3928	3550	2422
9	도곡2동	11680656	11984	34716	2947	4931	4377	4195	6755	5380	3531
10	삼성1동	11680580	5877	15243	1070	1530	2231	2425	2573	2414	1727
11	삼성2동	11680590	13173	30340	2624	3469	4001	5619	6416	3778	2376

2. 질의를 통한 인구 5,000명 이상을 포함한 행정동 찾기

1) 서울시 동별 20대 인구 중 5,000명 이상 포함한 동 찾기

[자료 4-4]와 같이 서울시의 424개 동을 기준으로, 사용자가 필요한 정보를 질의를 통해 불러올 수 있고, 필요한 정보는 별도로 저장하거나 편집해 사용할 수 있다.

[자료 4-4] 모든 객체 보이기 선택 창

	Dong_Name	Dong_CD	Fam_C	POP_Total	Age-10	Age-20	Age-30	Age-40	Age-50	Age-60	Age-70
0	개포1동	11680660	3810	9609	498	893	1381	1095	1334	1756	1587
1	개포2동	11680670	4894	13850	796	1824	2040	1479	2295	2822	1791
2	개포4동	11680690	7886	18936	1254	1872	2836	3064	3300	3183	2127
3	논현1동	11680521	14098	24054	883	1060	4909	6337	3907	2929	2284
4	논현2동	11680531	11221	22249	1364	1430	3555	5011	3866	2843	2203
5	대치1동	11680600	7449	25566	2026	5659	2780	1898	6303	3706	1866
6	대치2동	11680610	13540	40912	2069	6995	6004	3850	8009	7348	4064
7	대치4동	11680630	10224	21373	863	2835	3686	3724	4388	3170	1494
8	도곡1동	11680655	8522	22844	1926	2431	3399	3548	3928	3950	2422
9	도곡2동	11680656	11984	34716	2947	4931	4377	4195	6755	5380	3531
10	삼성1동	11680580	5877	15243	1870	1530	2231	2425	2573	2414	1727
11	삼성2동	11680590	13173	30340	2624	3469	4001	5619	6416	3778	2376

'속성 테이블' 창 하단의 ┌🔽 모든 객체 보이기┐를 선택해 '고급 필터(식

사용)'를 선택하면 '표현식 기반 필터' 창이 나오게 된다([자료

4-5] 참조).

① '기능'에서 '필드와 값'을 선택한다.

② '필드'의 'Age-20'을 더블 클릭하면 '표현식'창에 'Age-

20'이 자동으로 나온다.

③ 'Age-20'뒤에 '>=5000'을 입력하면 [자료 4-5]와 같이

'표현식 기반 필터' 창이 나온다.

'Age-20' > = 5000

[자료 4-5] 표현식 기반 필터

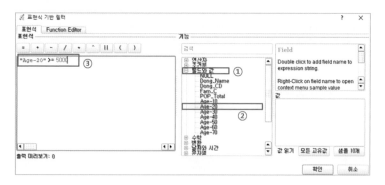

[자료 4-5]와 같이 입력이 완료되면 '확인'을 누른 후 '속성 테이블'에서 다시 '확인'을 누른다. [자료 4-6]과 같이 서울시 행정동별로 20대 인구 5,000명 이상 행정동이 나온다.

　　'Age-20' 필드의 5,000명 이상 되는 13개의 행정동이 나타난 것을 알 수 있다. 그러나 지금까지의 데이터는 좌표가 없는 데이터에 해당되어 시각적으로 볼 수가 없다.

[자료 4-6] 20대 인구 5,000명 이상 되는 서울시 행정동

	Dong_Name	Dong_CD	Fam_C	POP_Total	Age-10	Age-20	Age-30	Age-40	Age-50	Age-60	Age-70
5	대치1동	11680600	7449	25566	2025	5659	2780	1898	6303	3706	1866
6	대치2동	11680610	13540	40912	2069	6995	6004	3950	8009	7340	4064
17	역삼2동	11680650	14910	36710	3245	5298	4629	5827	8464	4517	2542
60	발산1동	11500611	13372	38096	4201	5330	4678	5260	7662	5676	3419
65	우장산동	11500615	16522	46413	4500	5730	5582	6858	9041	6765	4869
94	광장동	11215810	11999	36407	3540	5883	4320	4233	8151	5267	2689
135	공릉2동	11350600	16168	41641	3420	5034	6849	5836	7210	6245	4056
147	중계1동	11350621	9138	28474	2020	6145	3312	2107	7081	4512	1751
299	잠실2동	11710670	12048	37010	4551	6139	3343	4994	9096	4307	2696
308	목1동	11470510	10519	32527	3121	5363	3748	3767	7302	4918	2579
312	목5동	11470550	13559	43413	3689	7867	5045	4430	9606	6787	3642
322	신정3동	11470640	17749	49229	4406	5918	5977	6725	9053	8025	5221

고급 필터 (식 사용) 　 'Age-20' > =5000

　　다음은 서울시 행정동 지도를 불러와서 데이터를 결합해 다시 분석해보겠다.

2) 데이터 결합

예제 2	파일 위치	좌표체계
CSV 파일 shp 파일	문서/GIS DATA/실습 2/서울시 행정동별 인구.CSV 문서/GIS DATA/실습 2/서울시 행정동.shp	WGS 84 만들어진 좌표

[자료 4-7]과 같이 '서울시 행정동.shp 파일'과 '행정동별 인구.CSV'를 불러온다.

[자료 4-7] 서울시 행정동

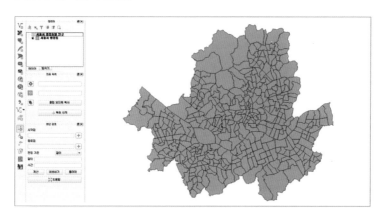

'레이어' 목록 창에서 '서울시 행정동'을 선택한 후 오른쪽 마우스를 클릭해 나온 창([자료 4-8] 참조)에서 '속성'을 선택하면 [자료 4-9]와 같이 '레이어 속성' 창이 나온다.

[자료 4-8] 속성 창   [자료 4-9] 속성 변경 창

'레이어 속성' 창에서 [자료 4-10]과 같이 입력한다.

① 왼쪽의 '결합'을 선택한다.

② ⊞을 선택하면 [자료 4-11]과 같이 '벡터 조인 추가'창
이 나온다.

[자료 4-10] 속성 결합

[자료 4-11]의 '벡터 조인 추가' 창에는 다음과 같이 입력한다.

① **레이어 결합** : '서울시 행정동별 인구'를 선택한다.

② **필드결합** : 'Dong_Name'을 선택한다.

③ **대상 필드** : 'ADM_NM'을 선택한다.

④ **어떤 필드가 조인되는지 선택** : [자료 4-11]과 같이 조인할 항목을 선택한다.

⑤ 'Custom field name prefix'를 선택하고, 해당 내용을 모두 지운다. 지우지 않을 경우에는 필드에 해당 글자가 모두 레코딩 되기 때문에 사용하기에 불편하다.

[자료 4-11] 벡터 조인 추가

데이터 결합은 '레이어' 목록 창에서 결합을 하려는 데이터를 선택한다. 이 책에서는 '서울시 행정동' 벡터 레이어에 '서울시 행정동별 인구' 데이터를 결합하고자 하므로 레이어 창에서는 '서울시 행정동'을 선택해 결합한다.

주의할 점은 결합하려는 항목의 데이터명이 일치해야 한다. 만약 일치하지 않게 되면 해당 컬럼에는 'NULL' 이 나타난다. 데이터를 인식하지 못하는 상태가 된다.

속성 값을 지정했으면 '확인' 버튼을 누른다. 결과는 [자료 4-12]와 같이 레이어 속성 창에 결합한 데이터에 대한 정보가 등록된다.

[자료 4-12] 레이어 결합 화면

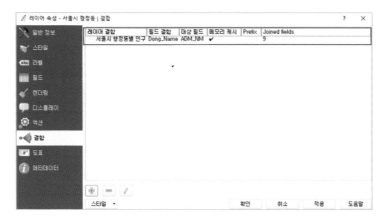

'적용' 버튼을 누른 후 '확인'을 클릭한다.

'레이어' 목록에서 서울시 행정동에 인구정보가 제대로 결합이 되었는지 속성 테이블을 열어 확인을 한다. [자료 4-13]을 보면 데이터가 결합되어 있는 것을 확인할 수 있다.

[자료 4-13] 속성 테이블 내 결합 화면

> **☑ 데이터 결합 시 알아두면 좋은 팁**
> 주의할 점이 있다. 원본데이터는 다음에도 사용할 수 있으므로 가급적 원본 그대로 유지하는 것이 좋다. 그리고 지금까지 한 작업은 아직 저장되지 않은 파일에 해당된다. 지금 상태에서 GIS 프로그램을 종료하게 되면 작업한 내용이 모두 사라진다. 따라서 다른 이름으로 저장하는 것이 좋다.

결합되어 있는 '서울시 행정동' 파일을 선택한 후 오른쪽 버튼을 클릭해 '다른 이름으로 저장하기' 속성을 선택한다.

폴더 지정은 '문서/GIS DATA/실습 2/result' 폴더에 '서울시 행정동+인구'로 저장한다([자료 4-14] 참조).

'레이어' 목록을 확인하면 '서울시 행정동+인구' 항목이 추가된 것을 알 수 있다([자료 4-15] 참조).

[자료 4-14] 벡터 레이어 저장

[자료 4-15] 레이어 목록

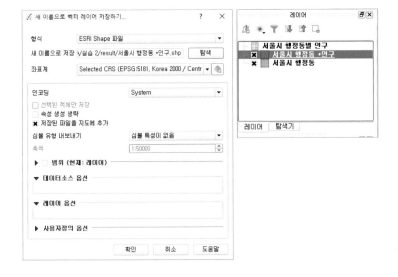

3) 지도상 표현하기

예제	파일 위치	좌표체계
shp 파일	문서/GIS DATA/실습 2/result/서울시 행정동 + 인구.shp	EPSG 5181

GIS 프로그램의 장점은 시각적 표현에 있다. 또한 사람의 머리로 계산하기에는 많은 시간이 걸리는 어려움을 간단한 기능을 사용함으로써 빠르고 쉽게 결과 값을 확인할 수 있다. 그중에 시각적 표현은 단순히 문자나 숫자로 볼 수 있는 것을 지도상에 또는 각 위상상에 표현할 수 있는 장점이 있다.

서울시 행정동에 인구정보를 결합한 데이터를 통해 위상상에 구분을 해보자. 먼저 데이터를 불러오자. 데이터의 위치는 '문서/GIS DATA/실습 2/result' 폴더이며, 대상 파일은 '서울시 행정동+인구.shp' 파일을 선택한다.

'레이어' 목록에서 '서울시 행정동+인구.shp'을 선택한 후 오른쪽 마우스 버튼을 누른 후 '속성'을 선택한다([자료 4-16] 참조).

① '스타일'을 선택한다.
② '단계 구분'을 선택한다.
③ '칼럼'에서 'Fam_C'를 선택한다.

④ '색상표'에서 원하는 색상표를 선택한다.

⑤ '클래스'에서 '모드'는 '내추럴 브레이크'를 선택, '클래스'는 '10'으로 선택한 후 '분류'를 누르면 하단에 데이터를 10개 단위로 구분해 색상을 보여준다.

이제 화면 하단의 '적용'을 선택한 후 '확인'을 선택하면 맵 캔버스에 서울시 행정동의 지도에 세대수가 10개 단위로 구분된 그림이 나오게 된다([자료 4-17] 참조).

[자료 4-16] 레이어 스타일 편집

[자료 4-17] 서울시 행정동별 인구 단계 구분도

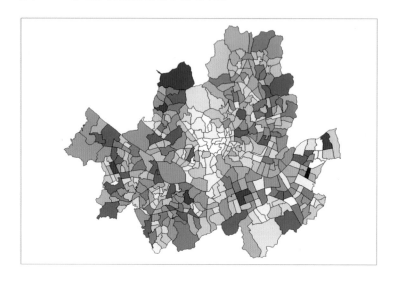

[자료 4-17]을 보면 행정동명을 알 수 없다. 이제 행정동 지도에 각 동명을 입력하자.

'레이어' 목록에서 '서울시 행정동+인구'를 선택하고, 다시 오른쪽 마우스를 클릭해 '속성'을 선택한다.

① '라벨'을 선택한다.

② '이 레이어의 라벨'을 선택한 후 행정동명이 들어 있는 'ADM_NM'을 선택한다.

③ '텍스트'를 선택한 후 '크기'를 '10'으로 선택한다.

[자료 4-18] 라벨 설정

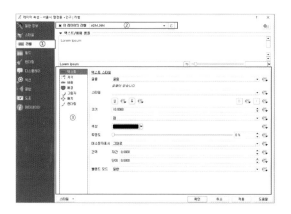

'적용'을 선택한 후 '확인'을 누르면 각 행정동명이 들어가는 것을 알 수 있다([자료 4-19] 참조).

[자료 4-19] 서울시 행정동명 등록

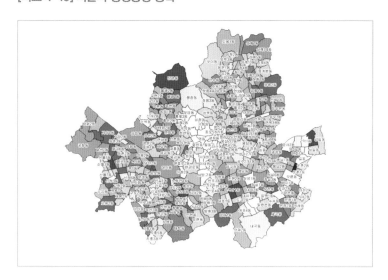

추가해 각 행정동 밑에 각 칼럼에 들어 있는 세대수를 함께 보이도록 한다. '레이어' 목록에서 '서울시 행정동+인구.shp'를 선택한 후 오른쪽 마우스를 클릭해 '복제하기'를 선택한다. '레이어' 목록에 '서울시 행정동+인구 복사'가 생성된 것을 확인할 수 있다. 먼저 '서울시 행정동+인구'에서 행정동 이름의 위치를 변경하고자 한다.

[자료 4-20]과 같이 '서울시 행정동+인구'의 '속성'을 선택한 뒤 다음과 같이 입력한다.

① '라벨'을 선택한다.
② '배치'를 선택한 후 위치 선택을 ③번으로 한다. 나머지는 기본값을 유지한다.

[자료 4-20] 라벨 배치

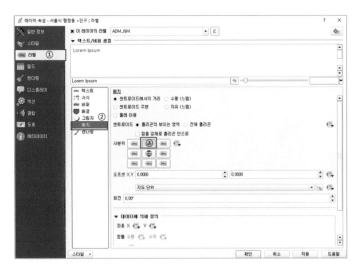

'적용'후 '확인' 버튼을 누르면 행정동이 중심에서 위쪽으로 이동된다.

[자료 4-21]을 참조해 이번엔 '레이어' 목록에서 복제된 '서울시 행정동+인구 복사'를 선택한다. 동일한 방법으로 '속성'을 선택한 후 다음과 같이 입력한다.

① '라벨'을 선택한다.
② '이 레이어의 라벨'을 'Fam_C'로 바꾼다.
③ '배치'를 선택하고 위치는 ④번을 선택한다.

☑ '배치' 시 알아두면 좋은 팁
원본 데이터와 복제된 데이터는 동일한 데이터를 사용하고 있다. 따라서 '라벨'의 '배치'를 같은 공간에 배치하면 사용자가 원하는 모습을 볼 수 없다. 따라서 배치 위치를 원본파일과 복제한 파일의 위치를 다르게 해야 한다.

'적용'과 '확인'을 순서대로 선택하면 행정동 지도에 행정동명이 위측, 'Fam_C' 행정동명 아래에 위치한다.

[자료 4-21] 라벨 공간 배치

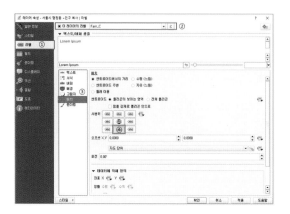

   그림의 모든 데이터가 보이지 않으면 확대해볼 수 있다. 확대는 🔍을 선택해 원하는 공간을 드래그 하면 확대된다. GIS 프로그램의 장점은 그래픽을 확대해도 깨지지 않는 것이다.

[자료 4-22] 서울시 행정동명과 인구수 라벨 생성

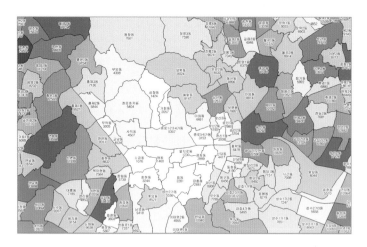

부동산 중개, 이제 GIS 시대다!

3. 인구밀도 계산하기

행정동 지도에는 각 동별로 면적이 나와 있다. 이 면적 정보를 활용해 인구밀도를 계산해보자.

예제	파일 위치	좌표체계
shp 파일	문서/GIS DATA/실습 2/result/서울시 행정동+인구.shp	EPSG 5181

앞에서 서울시 행정동과 인구데이터를 결합한 '서울시 행정동+인구.shp'파일을 불러온다. '레이어' 목록에서 해당 파일을 선택한 후 오른쪽 마우스를 클릭해 '속성 테이블'을 선택한다. '속성 테이블' 속에는 해당 파일의 지도정보와 인구정보들이 포함되어 있다.

'속성 테이블' 상단의 도구모음에서 '편집모드 전환' 아이콘 ✏️을 선택한 뒤, '필드 계산기' 아이콘 🧮을 선택하면, 다음 [자료 4-23]과 같이 '필드 계산기' 창이 나온다.

[자료 4-23] 필드 계산기

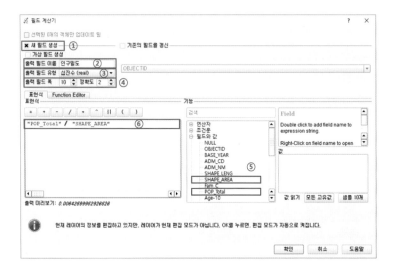

[자료 4-23]에서 각 항목별 선택사항을 순서대로 넣는다.

① '필드 계산기' 창이 나오면 기본적으로 '새 필드 생성' 창에 체크되어 있다.

② '출력 필드 이름'에 '인구밀도'를 입력한다. 기본적으로 영어를 사용하지만 쉽게 한글을 입력해도 된다.

③ '출력 필드 유형'은 '십진수(real)'를 선택한다.

④ '출력 필드 폭'[5]은 '10', '정확도'[6]는 '2'를 선택한다. 필

---

5) '출력 필드 폭'은 입력할 수 있는 글자 수 지정을 말한다.
6) '정확도'는 소수점 이하의 자릿수를 지정한다.

드 폭과 정확도는 사용자의 목적에 맞게 조절할 수 있다.

⑤ '기능'에서 먼저 'POP_Total'을 더블클릭하고, 나누기 기호인 '/'을 선택한 후 'SHAPE_AREA'를 더블클릭한다.

⑥ 최종적으로 'POP_Total'/'SHAPE_AREA'로 입력하고 확인을 누른다.

이제 필드 값 가장 끝부분에 '인구밀도' 필드가 새로 생긴 것을 확인할 수 있다. 면적의 단위가 m^2로 되어 있어 밀도 단위가 낮게 나왔다. 단위가 km^2로 변환할 경우 $m^2/1,000,000$을 하면 된다.

필요시 같은 방법으로 '평' 단위로 만든 후 분석해도 된다(계산법 : 'SHAPE_AREA/3.305785'를 입력).

[자료 4-24] 속성 테이블의 인구밀도

도구모음 상단의 '저장하기' 아이콘 █을 누른 뒤 다시 '편집 모드 전환' 아이콘인 █을 누르면 파일이 저장된다. 결과 파일을 다시 '문서-실습 2-result' 폴더에 '서울시 행정동+인구밀도.shp'를 저장한다.

4. 최단거리 추출과
보행상 점포정보 구하기

예제	파일 위치	좌표체계
CSV 파일 shp 파일	문서/GIS DATA/실습 2/마포구 홍대 점포정보.csv 문서/GIS DATA/실습 2/마포구 홍대 보행도로.shp	WGS 84 EPSG 5174

먼저 보행도로를 이용해 홍대입구역에서 홍익대학교 정문까지 보행자의 최단거리 동선을 만든 후 두 번째로 최단거리 동선을 기준으로 양쪽 20m 이내에 점포들을 분석한다.

일반적으로 15~20m의 범위가 대부분의 점포가 위치하고 있는 공간이다. 분석환경에 따라 조정해 분석하면 보다 정밀한 분석이 가능하다.

1) 최단거리 구하기

'문서/GIS DATA/실습 2/마포구 홍대 보행도로.shp' 파일을 불러온다. 불러온 데이터는 보행자도로로 나와 있어서 위치를 알 수 없다. 따라서 메뉴에서 '웹-TMS for Korea-Daum maps-Daum street'를 선택해 다음지도를 불러온다.

최단거리를 구하기 위해 거리에 대한 정보를 설정해야 하므로 설정할 수 있는 플러그인을 '플러그 인 관리 및 설치…'에서 'Road Graph'를 다운 받아야 한다.

Road Graph 플러그인 설치

① 메뉴에서 '플러그 인 관리 및 설치…'를 선택한 후 '검색' 창에 'Road Graph'를 입력한다.
② '플러그인 설치'를 선택하면 메뉴의 '벡터'에 'Road Graph'가 등록된다.

다운로드와 설치가 완료되면 메뉴에서 '벡터-Road Graph-설정'을 선택한다. 'Road Graph 플러그인 설정' 창에서 다음과 같이 입력한다([자료 4-25] 참조).

① '시간 단위'에는 '초' 단위와 '시간' 단위로 나뉜다. 현재는 짧은 거리를 분석하므로 '초'를 선택하면 된다.
② '거리 단위'는 '미터'와 '킬로미터' 단위로 나뉜다. '미터'를 선택한다.
③ '이동 레이어'의 '레이어'는 '마포구 홍대 보행도로'로 지

정된다. 레이어가 많을 경우에는 분석하고자 하는 레이어 명칭을 정확하게 입력해야 한다.

④ '디렉토리 필드'는 '항상 기본값'을 사용한다.

⑤ '스피드 필드'는 '항상 기본값'을 선택하고, 'm/s'를 선택한 후 확인을 누른다.

[자료 4-25] Road graph 플러그인 설정

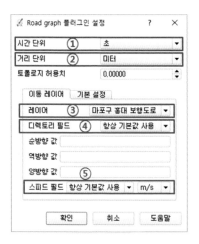

메뉴에서 '보기-패널-최단경로'를 선택하면 왼쪽 '레이어' 목록 아래에 '최단경로' 창이 나타난다([자료 4-26] 참조). 만약 맵 캔버스에 나타날 경우 드래그 해서 '레이어' 목록 창 아래로 이동시킨다.

①번 '시작점'의 아이콘 ⊞을 클릭하고, 맵 캔버스의 지도에서 홍대입구역 9번 출구를 선택한다.

②번 '종료점'의 아이콘 ⊞을 클릭하고, 홍익대학교 정문을 선택한다.

③번의 '계산'을 선택하면 홍대입구역에서 홍익대학교 정문까지의 최단거리가 나오며, '최단경로' 창에 길이와 시간이 나오게 된다([자료 4-27] 참조).

[자료 4-26] 최단경로 설정 [자료 4-27] 경로 설정 화면

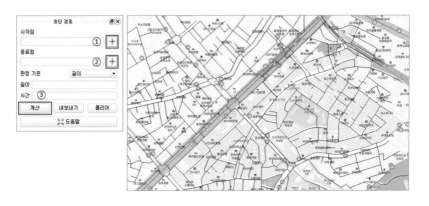

다음은 '내보내기'를 선택([자료 4-28])한 뒤 '객체 내보내기([자료 4-29])' 창에서 '대상레이어 선택'을 '새 임시 레이어'로 지정해 저장하기를 하면, [자료 4-30]과 같이 'shotrest path' 항목이 생성된다.

[자료 4-28] 내보내기　　[자료 4-29] 객체 보내기　[자료 4-30] 레이어 목록

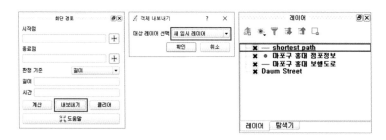

현재 'shotest path'파일은 가상의 파일로 저장되어 있는
상태다. 'shotest path'를 선택한 후 오른쪽 마우스를 클릭해
'다른 이름으로 저장'을 선택한 후 '문서/GIS DATA/실습 2/
result' 폴더에 '홍대 최단거리'로 저장한다.

2) 최단거리상 20m 범위 안의 점포정보 구하기

최단거리상의 점포를 구하는 방법은 '버퍼' 기능을 활용하
며, 이 책에서는 분석도구를 이용해 '폴리곤의 점'의 수를 구
하는 방법과 공간연산도구의 '병합'과 '클리핑' 기능으로 데이
터를 추출하는 방법에 대해 설명한다.

(1) 폴리곤 점의 수 구하기

예제	파일 위치	좌표체계
CSV 파일 shp 파일	문서/GIS DATA/실습 2/홍대 점포정보.csv 문서/GIS DATA/실습 2/result/홍대 최단거리.shp	WGS 84

홍대 최단거리.shp와 홍대 점포정보.CSV 파일을 불러온다.
메뉴 도구모음의 아이콘 ▓을 누르면 불러온 화면의 전체를
볼 수 있다.

먼저 '벡터-공간연산도구-버퍼(들)'를 선택한 후 순서대로
입력한다([자료 4-31] 참조).

① **입력 벡터 레이어** : 홍대 최단거리

② **원 묘사에 사용할 세그먼트 수** : 5(숫자가 올라갈수록 세밀한 원 형
태로 나온다)

③ **버퍼 거리** : 0.0002(20m)(좌표계에 따라 20으로 바뀔 수도 있다)

④ **출력 Shape 파일** : 'GIS DATA/실습 2/result'에 'buffer_20.
shp'로 저장한 후 확인을 누른다.

맵 캔버스에서 편히 볼 수 있게 '레이어' 목록에서 순서를
'마포구 홍대 점포정보', '홍대 최단거리', 'buffer_20' 순서대
로 조정한다.

[자료 4-31] 버퍼 설정   [자료 4-32] 버퍼 실행 화면

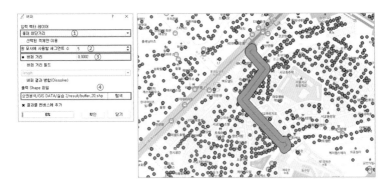

[자료 4-32]의 버퍼 실행 화면이 먼저 나오면 두 번째로 버퍼 속의 점포 수를 확인하도록 한다.

메뉴에서 '벡터-분석도구-폴리곤의 점'을 선택한다. '폴리곤 내 점 개수 세기' 창에서 다음과 같이 입력한다. 불러온 데이터가 많을 경우 정확하게 선택해야 원하는 결과 값을 얻을 수 있다.

① '**입력 폴리곤 벡터 레이어**' : 'buffer_20'을 선택한다.
② '**입력 점 벡터 레이어**' : '마포구 홍대 점포정보'를 선택한다.
③ '**Statistical method for attribute aggergation**' : 'sum'으로 고정한다.
④ '**출력 카운트 필드 이름**' : 'PNTCNT'(폴리곤 안의 점수 합계)로

고정하거나 사용자가 다른 이름으로 입력할 수 있다.

⑤ **'출력 Shape 파일'** : 'GIS DATA/실습 2/result' 폴더에 'polygon_count.shp'로 입력한다.

'결과를 캔버스에 추가'를 선택한 후 확인을 누른다. 알림 창이 뜰 경우 '확인'을 누르면 '레이어' 목록에 'polygon_count'가 생성되어 있고, '속성 테이블'에서 'PNTCNT' 필드에 '54'가 입력되어 있다.

현재(2018년 9월 기준) '홍대 최단거리' 동선에서 20m 범위 안에는 54개의 점포가 포함되어 있다.

[자료 4-33] 폴리곤 내 점 수 세기   [자료 4-34] 속성 테이블의 점포 수

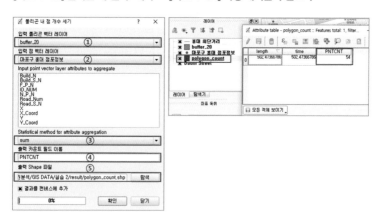

(2) 교차분석

교차분석은 공간 레이어와 공간 데이터를 중첩한 후 필요한 데이터를 추출하는 기능이다.

예제	파일 위치	좌표체계
shp 파일	문서/GIS DATA/실습 2/서울시 구별 지도.shp 문서/GIS DATA/실습 2/서울시 공업지역.shp	만들어진 좌표 EPSG 5174

메뉴에서 '벡터-공간연산도구-교차분석'을 선택한 뒤 [자료 4-35]와 같이 입력한다.

① '**입력 벡터 레이어**' : '서울시 구별 지도'를 선택한다.
② '**레이어 교차분석**' : '서울시 공업지역'을 선택한다.
③ '**출력 Shape 파일**' : '문서/GIS DATA/실습 2/result' 폴더에 '서울시 공업지역_교차분석'을 입력한다.

[자료 4-35] 교차분석 입력 창

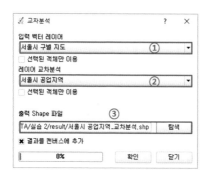

[자료 4-36]의 속성 테이블을 확인하면 구별 지도 데이터와 공업지역 데이터가 결합되어 있는 것을 확인할 수 있다.

[자료 4-36] 서울시 공업지역 교차분석 데이터 결합

(3) 병합하기

'병합' 기능을 이용해 '홍대 최단거리' 20m 안의 점포들에 대한 정보를 입력하자. 다음의 파일 위치에서 데이터를 불러온다. 병합은 두 가지 방식으로 구분할 수 있다.

선택한 공간 안의 점 데이터에 대한 정보를 추출하는 방식과 폴리곤 안에 데이터를 입력하는 방식으로 데이터를 추출할 수 있다.

방식은 병합 창에서 순서를 바꿔 진행하면 되므로 이번에는 폴리곤 안에 데이터를 추출하는 방식으로 연습하자.

예제	파일 위치	좌표체계
CSV 파일 shp 파일	문서/GIS DATA/실습 2/홍대 점포정보.csv 문서/GIS DATA/실습 2/result/홍대 최단거리.shp 문서/GIS DATA/실습 2/result/buffer_20.shp	WGS 84

메뉴에서 '벡터-공간연산도구-병합'을 선택한다. '병합' 창
에서 다음과 같이 입력한다([자료 4-37] 참조).

① **입력 벡터 레이어** : buffer_20
② **레이어 병합** : 마포구 홍대 점포정보
③ **출력 Shape 파일** : 'GIS DATA/실습 2/result'에 '홍대점
   포_병합'을 입력한 뒤 '결과를 캔버스에 추가'를 선택 후
   확인을 누른다.

[자료 4-37] 병합 설정　　　　　　　[자료 4-38] 레이어 목록

[자료 4-38]의 레이어 목록 창에 '홍대점포_병합'이 추가된 것을 알 수 있다. '속성 테이블'을 열어 확인하면 다음 [자료 4-39]와 같이 나온다. 앞에서 전체 점포 수가 54개 나왔지만, 이번에 55개의 정보가 도출되었다.

'병합'의 기능은 두 개의 속성 데이터를 하나의 속성 데이터로 만드는 기능이다. 따라서 'buffer_20'의 데이터와 '마포구 홍대 점포정보'의 데이터가 합쳐져서 55개의 데이터가 된 것이다. '병합'의 기능을 정확히 숙지하고 있어야 데이터 정리를 할 때 많은 도움이 된다.

[자료 4-39] 속성 테이블

(4) 클리핑 하기

동일한 데이터를 사용하며 '병합' 기능과 '클리핑' 기능의 차이를 비교할 수 있다. 메뉴에서 '벡터-공간연산도구-클리핑'을 선택한다. '클리핑' 창에서 [자료 4-40]과 같이 입력한다.

① **입력 벡터 레이어** : 마포구 홍대 점포정보

② **레이어 클리핑** : buffer_20

③ **출력 Shape 파일** : 'GIS DATA/실습 2/result'에 홍대점포_
클리핑을 입력한 뒤 '결과를 캔버스에 추가'를 선택하고
확인을 누른다.

[자료 4-40] 클리핑 설정　　　　　　　[자료 4-41] 레이어 목록

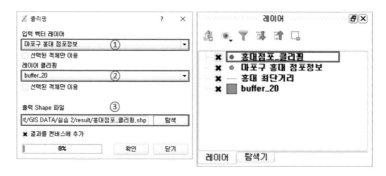

[자료 4-41]의 '레이어 목록'을 보면 '홍대점포_클리핑'이
추가된 것을 알 수 있다. 그러나 자세히 보면 앞에 점이 찍
혀 있는 것이 보일 것이다. 이것은 '마포구 홍대 점포정보'를
'buffer_20'의 범위 안 점 좌표 형식의 점포정보만 추출된 것
이다. [자료 4-42]는 빨간색 점이 클리핑 된 점포정보이며,
[자료 4-43]은 속성 데이터다.

[자료 4-42] 클리핑 된 점   [자료 4-43] 클리핑 된 데이터의 속성 테이블

(5) 학교 200m 정화구역 내 유해업소 추출하기

학교의 경계선을 기준으로 200m 이내의 청소년 유해시설은 심의를 통해 입점할 수 있다. 이것을 학교보건법상 '상대정화구역'이라 한다. 상대정화구역 내에 청소년 유해시설을 확인해보자.

예제	파일 위치	좌표체계
CSV 파일 shp 파일	문서/GIS DATA/실습 2/신촌역 점포정보.csv 문서/GIS DATA/실습 2/창서초등학교.shp	WGS 84

창서초등학교는 신촌역에서 연세대 정문 방향으로 좌측에 위치하고 있다. 주변에 많은 점포들이 위치하고 있는데, 이 중에서 청소년 유해시설을 입력해 찾아보자.

청소년 유해시설에 대한 정보는 필자의《상가 형성 원리를 알면 부동산 투자가 보인다》를 참조하면 된다.

먼저 파일을 불러온 후 '벡터-공간연산도구-버퍼'를 선택한다([자료 4-44] 참조).

① **'입력 벡터 레이어'** : '창서초등학교'를 선택한다.
② **'원 묘사에 사용할 세그먼트 수** : '5'를 선택한다.
　(숫자가 높을수록 부드러운 원형이 만들어진다.)
③ **'버퍼 거리'** : '0.002'를 입력한다(200m).
④ **'출력 Shape 파일'** : '실습2/result' 폴더에 '창서초_200을 입력한다.
⑤ **'결과를 캔버스에 추가'** : 선택한 후 확인을 누른다.

[자료 4-45]와 같이 창서초등학교의 경계선을 기준으로 200m의 범위가 지정된 .shp 파일이 맵 캔버스에 생성된다.

[자료 4-44] 버퍼 설정　　　　　　[자료 4-45] 정화구역 버퍼 생성

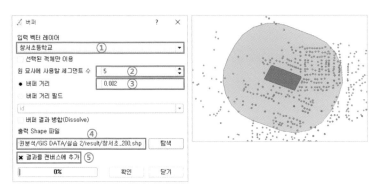

이제 이 버퍼 안의 점포를 클리핑 해보자. 메뉴에서 '벡터-
공간 연산 도구-클리핑'을 선택한다([자료 4-46] 참조).

① **'입력 벡터 레이어'** : '신촌역 점포정보'를 선택한다.

② **'레이어 클리핑'** : '창서초_200'을 선택한다.

③ **출력 Shape 파일** : '실습 2/result' 폴더에 '창서초_200_클리
핑'을 입력한다.

④ **'결과를 캔버스에 추가'** : 선택한 후 확인을 누른다.

[자료 4-47]을 보면 창서초등학교 주변 200m 범위 안의 점
포의 색이 바뀐 것을 알 수 있다.

[자료 4-46] 클리핑 설정　　　　**[자료 4-47] 정화구역 내 클리핑 된 점포**

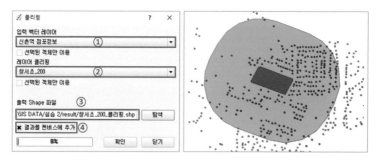

'레이어' 목록에서 클리핑 된 파일만 남겨두고 나머지는 모
두 감춘다. 이제 200m 안의 점포정보에서 청소년 유해시설 점

포를 찾아보자.

'레이어' 목록에서 '창서초_200_클리핑'을 선택한 후 '속성 테이블 열기'를 선택해 속성 테이블을 불러온다. 속성 테이블을 확인하면 창서초등학교 200m 주변에 모두 784개의 점포가 있다.

[자료 4-48]의 속성 테이블 하단에 '모든 객체 보이기'를 누른 후 '고급 필터(식사용)'를 선택한다.

[자료 4-48] 속성 테이블 내 고급 필터 사용

'표현식 기반 필터' 창에서 다음과 같이 입력한다. 입력은 연속적으로 해도 되며, OR부분에서 엔터 후 입력해도 된다.

“STD_IN_D” LIKE ‘%PC%’ OR “STD_IN_D” LIKE ‘%노래%’ OR “STD_IN_D” LIKE ‘%비디오%’ OR “STD_IN_D” LIKE ‘%여관%’

[자료 4-49] 표현식 기반 필터 입력

확인을 누르면 [자료 4-50]과 같이 맵 캔버스에 나온다. 속성 테이블 창서초등학교 200m 내의 숙박시설 2개와 노래방 18개, 비디오감상실 4개가 추출되었다.

[자료 4-50] 학교 정화구역 내 점포 선택

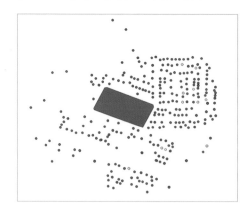

부동산 중개, 이제 GIS 시대다!

화면의 노란색이 추출된 점포의 위치다. 별도로 '다른 이름으로 저장'을 선택해 저장할 수 있다.

(6) 공간 데이터 간 속성값 생성하기(공간 결합)

공간 데이터를 결합하기 위해 먼저 두 데이터 공간 데이터로 이뤄져야 한다. 커피전문점의 CSV 파일을 먼저 shp 파일로 다시 저장했다. 또한 행정동별 지도의 좌표를 '다른 이름으로 저장'을 이용해 좌표계 WGS 84 좌표계로 수정해 저장했다.

예제	파일 위치	좌표체계
shp 파일	문서/GIS DATA/실습 3/서울시 행정동.shp 문서/GIS DATA/실습 3/서울시 숙박시설.shp	EPSG 5181 WGS 84

서울시의 행정동과 서울시 숙박시설의 위치에 따른 속성을 결합한다.

메뉴에서 '벡터-데이터 관리도구-위치에 따라 속성을 결합'을 선택하고, '위치에 따라 속성 결합' 창이 나오면 다음과 같이 입력한다([자료 4-51] 참조).

① **대상 벡터 레이어** : '서울시 행정동지도'를 선택한다.

② **벡터 레이어 조인** : '서울시 숙박시설'을 선택한다.

③ **속성 요약** : '총계'를 선택한다.

④ **출력 Shape 파일** : '문서/GIS DATA/실습 3/result' 폴더에 '서울시 동별 커피전문점 수'를 입력한다.

⑤ **출력 테이블** : '모든 레코드 남기기'를 선택한 뒤 '확인'을 클릭한다.

[자료 4-51] 위치에 따라 속성 결합

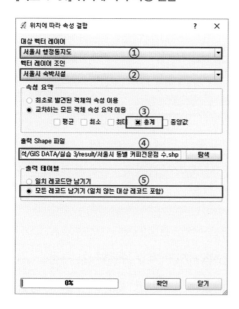

부동산 중개, 이제 GIS 시대다!

[자료 4-52] 결합한 속성 테이블 창

	OBJECTID	BASE_YEAR	ADM_CD	ADM_NM	SHAPE_LENG	SHAPE_AREA	SUMID_NUM	SUMX_Coord	SUMY_Coord	COUNT
0	1	2016	1101053	사직동	5756.73723326	1158538.08348	76611688.0000	507.890563299	150.288966889	4.00000000000
1	2	2016	1101054	삼청동	7423.82492048	1478147.69620	25990981.0000	126.980068000	37.5786162300	1.00000000000
2	3	2016	1101055	부암동	9033.82373931	2272861.84217	46202634.0000	253.918449899	75.2011905800	2.00000000000
3	4	2016	1101056	평창동	13367.89251840	8941185.15153	15701807.0000	126.975138799	37.6094881200	1.00000000000
4	5	2016	1101057	무악동	2620.10808034	369245.65383400	121109509.000	634.797467299	187.871576529	5.00000000000
5	6	2016	1101058	교남동	3426.51118329	346667.33580400	45905117.0000	253.923030600	75.1429248000	2.00000000000
6	7	2016	1101060	가회동	4423.99535486	539550.61394600	104839713.000	507.944424700	150.327512750	4.00000000000
7	8	2016	1101061	종로1 2 3 4가동	8520.74206417	2415358.50519	1850159898.00	11301.9831134	3343.94630409	89.0000000000
8	9	2016	1101063	종로5 6가동	3640.40833305	602712.76933000	489447206.000	3175.06520079	939.312646259	25.0000000000
9	10	2016	1101064	이화동	4452.87858574	781806.11562800	15782815.0000	127.003981699	37.5759856000	1.00000000000
10	11	2016	1101067	창신1동	3157.05610886	304772.31461600	528140118.000	3302.33586419	976.856495129	26.0000000000
11	12	2016	1101068	창신2동	2961.08949607	255971.94514900	80711611.0000	508.042282000	150.289742560	4.00000000000
12	13	2016	1101069	창신3동	2453.34371767	218163.62317300	NULL	NULL	NULL	NULL

[자료 4-52]에서 속성 값에 'NULL' 값이 나타날 경우 다른 데이터 작업 시 오류가 발생할 수 있다. 따라서 모두 0으로 변경한다. 'NULL' 값이 나오는 이유는 해당 지역에 숙박시설이 존재하지 않는 것으로 나타나기 때문이다.

'NULL' 값을 '0'으로 변경하는 방법은 다음과 같다.

① '속성 테이블'의 하단에 '모든 객체 보이기'를 선택한 뒤 '칼럼 필드'를 선택한다.
② '칼럼 필드'에서 'COUNT'를 선택한 뒤 입력 창에 'NULL'을 입력한 뒤 '적용'을 선택한다.

[자료 4-53] 칼럼 필드에 입력

📇 COUNT . | NULL

③ 'NULL' 값이 나타난 속성 테이블 창의 우측의 사각형 박
스를 클릭하면 추출된 'NULL'값이 선택된다.

[자료 4-54] 속성 테이블의 'NULL' 값 선택

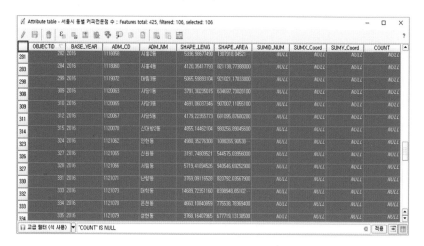

④ 🧮(필드 계산기)를 선택하고 필드 계산기 창이 나오면
'기존의 필드를 갱신'에 'COUNT'를 선택하고 '표현식'
에는 '0'을 입력한다([자료 4-55] 참조).

[자료 4-55] 필드 계산기 입력

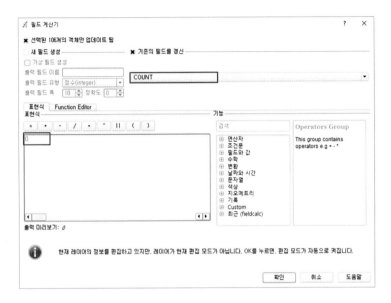

이제 속성 테이블 'COUNT' 필드의 'NULL' 값이 모두 '0'
으로 바뀌었다.

☑ **위치에 따른 속성 결합에 대한 팁**

[자료 4-50]은 다음 장의 '공간 질의'를 이용한 '폴리곤의 점'으로 결합
한 데이터 결합과는 다르다. '폴리곤의 점'은 단순하게 폴리곤의 점의 수
를 계산해 필드에 입력된다면 '위치에 따라 속성 결합'은 각 필드의 숫자
에 대한 레코드 값이 계산된다.
계산되는 값은 '평균, 최소, 최대, 총계, 중간 값'의 기초 통계량이 계산
된다.

'레이어' 목록에서 '서울시 동별 커피전문점 수'를 선택한 뒤 오른쪽 마우스를 클릭한 후 '속성'을 선택한다. '레이어 속성' 창에서 '스타일'을 선택한 후 '단계 구분도'를 이용해 공간별로 색을 10단계로 구분하고, 행정동 이름을 붙인 후 분석한다.

[자료 4-56] 서울시 커피전문점 밀집 공간 분포

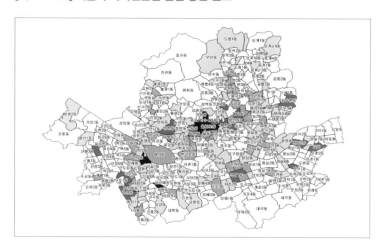

[자료 4-56]을 확인하면 커피전문점이 가장 밀집된 곳이 종로 1·2·3·4가동과 명동, 광희동, 영등포동, 신림동이며, 다음으로 신촌동, 역삼1동, 망우본동, 길동, 천호2동, 가리봉동 등이 많이 밀집되어 있다.

Chapter 05

공간
질의

1. 서울시에 상업지역을 포함한 서울시의 구 찾기

예제	파일 위치	좌표체계
shp 파일	문서/GIS DATA/실습 3/서울시 행정동.shp 문서/GIS DATA/실습 3/서울시 상업지역.shp	EPSG 5181 만들어진 좌표

메뉴에서 '벡터-공간 질의'를 선택한 후 다음과 같이 세부 사항을 입력한다([자료 5-1] 참조).

① '다음 위치에서 소스 feature를 선택하는'에서 '서울시 행정동'을 선택한다.

② '객체의 위치'는 '포함됨'을 선택한다.

③ '참조 객체'는 '서울시 상업지역'을 선택하고, '또한 결과를 다음에 이용'은 '새 선택 만들기'로 고정한 뒤 '적용'을 선택한다.

[자료 5-1] 공간 질의 설정

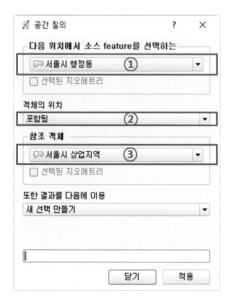

　'적용'을 누른 후 다음 화면은 [자료 5-2]에서 지정한 내용
과 425개의 행정동에서 상업지역을 포함하고 있는 행정동이
220개가 선택된 것을 알려주고 있다. 다시 '적용'을 누르면 맵
캔버스에 서울시 행정동에 상업지역이 포함된 행정동이 나타
난다([자료 5-3] 참조).

[자료 5-2] 공간 질의 적용

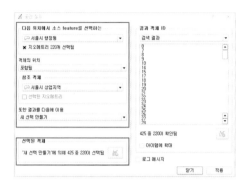

[자료 5-3] 공간 객체 선택

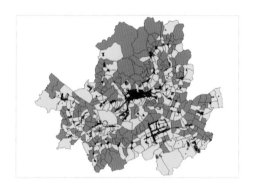

　　상업지역이 포함된 행정동에 대해는 '속성 테이블'을 열고
확인할 수 있다. [자료 5-3]에서 노란색은 상업지역을 포함한
행정동이며, [자료 5-4]는 상업지역이 포함된 행정동의 속성
테이블이다. 필요에 의해 '저장하기'를 선택해 별도로 행정동
별로 상업지역을 저장할 수 있다.

[자료 5-4] 선택된 공간 객체

	OBJECTID	BASE_YEAR	ADM_CD	ADM_NM	SHAPE_LENG	SHAPE_AREA
0	1	2016	1101053	사직동	5756.73723326	1158538.08348···
1	2	2016	1101054	삼청동	7423.82492048	1478147.69620···
2	3	2016	1101055	부암동	9033.82373931	2272861.84217···
3	4	2016	1101056	평창동	13367.89251840	8941185.15153···
4	5	2016	1101057	무악동	2620.10808834	369245.65383400
5	6	2016	1101058	교남동	3426.51118329	346667.33580400
6	7	2016	1101060	가회동	4423.99535486	539550.61394600
7	8	2016	1101061	종로1·2·3·4가동	8520.74206417	2415358.50519···
8	9	2016	1101063	종로5·6가동	3640.40833305	602712.76933000
9	10	2016	1101064	이화동	4452.87858574	781806.11562800
10	11	2016	1101067	창신1동	3157.05610886	304772.31461600
11	12	2016	1101068	창신2동	2961.08949607	255971.94514900

이제 점 좌표의 점포정보를 동일한 방법을 활용해 밀도분
석을 하자.

부동산 중개, 이제 GIS 시대다!

2. 부산시 상1동 음식점의 공간 밀도 분석

음식점 자료는 부산시 해운대구 상1동의 음식점(분식, 일식, 양식, 중식, 한식) 507개점에 대한 정보를 바탕으로 50m 범위의 폴리곤을 만들어 공간별 음식업이 가장 밀집된 공간을 찾고 다양하게 응용하고자 한다. 지금까지 이 책을 따라 해봤다면 진행에 큰 무리가 없을 것으로 본다. 이 점포 데이터는 2018년 9월 기준이다.

예제	파일 위치	좌표체계
CSV 파일 shp 파일	문서/GIS DATA/실습 3/중1동 음식점.csv 문서/GIS DATA/실습 3/중1동 지도.shp	WGS 84 만들어진 좌표

사용하는 기능은 벡터 격자 만들기와 공간 질의, 분석도구에 대한 3가지 기능을 사용해 부산시 해운대구 중1동의 음식점이 가장 밀집된 공간과 주변 공간의 음식점 수를 분석한다.

1) 벡터 격자 만들기

[자료 5-5]를 참조해서 다음과 같이 세부사항을 입력한다.

① '격자 영역'은 '중1동 음식점'을 선택한다.

② '레이어 범위로 영역 갱신'을 선택하면 ③의 좌표 값이 자동으로 생성된다. '레이어 범위로 영역 갱신'은 현재 '중1동 음식점'의 레이어 범위 안에서 격자가 생성되며, '캔버스 범위로 영역갱신'은 현재 생성된 맵 캔버스의 전체 영역에 생성된다.

④ '매개 변수'에서 '1:1 비율 고정'을 선택하고, X좌표에 '0.0005'를 입력하면 Y좌표의 범위도 자동으로 생성된다 (단위 : 0.0005=50m, 0.005=500m, 0.05=5,000m다). 이것은 좌표체계에 의해 생기는 현상이다. 좌표체계가 다른 경우 정수를 입력한다.

⑤ '폴리곤으로 격자 출력'을 선택한다.

⑥ '출력 Shape 파일'을 result 폴더에 '중1동 음식점_50'을 입력하고, '결과를 캔버스에 추가'를 선택한다.

마지막으로 확인을 누르면 맵 캔버스에 50m 단위의 격자가 생성된다.

🔍 주의사항

GIS 프로그램에서 .shp 파일은 모두 5개의 파일이 함께 구성되어 있다.
어느 하나라도 없으면 실행이 되지 않는다. 따라서 가장 중요한 것은 데
이터 정리가 잘 되어 있어야 한다.

[자료 5-6]을 보면 사각형의 폴리곤이 왼쪽으로 기울어져
있는 모습이다. 이러한 현상은 좌표상의 위치 때문이므로 크
게 걱정하지 않아도 된다.

[자료 5-5] 벡터 격자 생성   [자료 5-6] 맵 캔버스의 벡터 격자

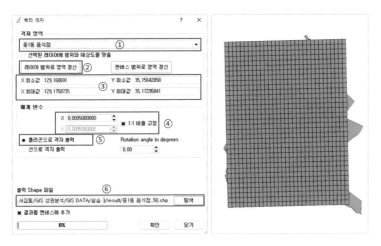

2) 공간 질의

격자가 만들어지면 각 소스 feature에 점의 수를 카운트하기 위해 공간 질의 기능을 이용한다. 메뉴에서 '벡터-공간 질의-공간 질의'를 선택한다([자료 5-7] 참조).

① '다음 위치에서 소스 feature를 선택하는'에서 '중1동 음식점_50'을 선택한다.
② '객체의 위치'는 '포함됨'을 선택한다.
③ '참조 객체'는 '중1동 음식점'을 선택한다.
④ '결과 객체 ID'에 1,054개의 객체가 생성되어 있으며, 그중에 음식점 정보가 있는 177개의 객체가 생성된다.

[자료 5-7] 공간 질의 설정   [자료 5-8] 공간 질의 선택

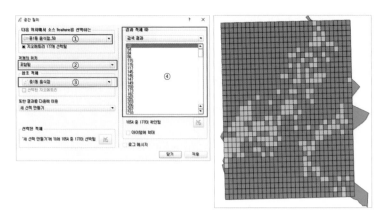

'적용'을 누르면 [자료 5-8]과 같이 격자에 노란색으로 나오는 것이 177개의 객체다. '레이어 목록'에서 '중1동 음식점_50'을 선택한 후 오른쪽 마우스를 클릭한 뒤 '다른 이름으로 저장'를 선택한 후 177개의 객체를 저장한다([자료 5-9] 참조).

① 형식 : ESRI Shape 파일.
② 새 이름으로 저장 : 'result' 폴더에 '중1동_50_Polygon'을 지정한다.
③ '인코딩'의 '선택된 객체만 저장'을 선택한다.
④ '인코딩'의 '저장된 파일을 지도에 추가'를 선택한 후 확인을 누르면 맵 캔버스에 선택된 격자들이 저장되고, '레이어'목록에도 생성된다. 그리고 맵 캔버스에서 저장된 격자의 색이 변하게 된다([자료 5-10] 참조).

[자료 5-9] 벡터 레이어 저장하기 [자료 5-10] 벡터 레이어 저장 화면

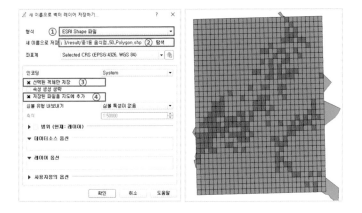

3) 폴리곤의 점 Count

50m×50m의 격자 속에 음식점의 수를 카운트 해 공간별 밀도를 분석하고자 한다. 먼저 '레이어' 목록에서 '중1동 음식점_50_Polygon'만 활성화한다. 맵 캔버스에서 '중1동 음식점_50', '중1동 음식점', '중1동 지도'가 모두 사라진다.

[자료 5-11] 불러온 파일의 레이어 목록

메뉴에서 '벡터-분석도구-폴리곤의 점'을 선택하면 '폴리곤 내 점 개수 세기' 창이 나오면 다음과 같이 입력한다([자료 5-12] 참조).

① **입력 폴리곤 벡터 레이어** : '중1동 음식점_50_Polygon'을 선택한다.

② **입력 점 벡터 레이어** : '중1동 음식점'을 선택한다.

③ **Statistical method for attribute aggergation** : 'sum'을 유지한다.

④ **출력 카운트 필드 이름** : 'PNTCNT'로 고정한다.

⑤ **출력 Shape 파일** : 'result' 폴더에 '중1동 음식점_50_Poly-gon_count'로 저장한다.

⑥ **'결과를 캔버스에 추가'** : 버튼을 클릭한다.

모든 기능의 입력을 완료하고 확인 버튼을 누르면 [자료 5-13]과 같이 맵 캔버스에 새롭게 지도가 표시되지만, 실질적으로 아무런 변화는 없고 색만 바뀐 것을 알 수 있다.

[자료 5-12] 폴리곤 내 점 개수 설정   [자료 5-13] 폴리곤 저장

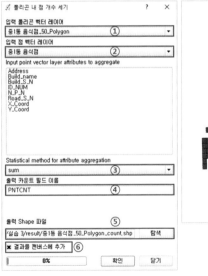
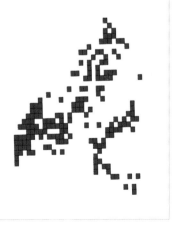

그러나 '레이어' 목록 창에서 '중1동 음식점_50_Polygon_
count'의 '속성 테이블'을 확인하면 필드에 'PNTCNT' 항목
이 추가된 것을 알 수 있다([자료 5-14] 참조).

[자료 5-14] 점포 수 생성된 속성 테이블

4) 스타일 만들기

'레이어' 목록에서 '중1동 음식점_50_Polygon_count'를 선
택한 후 오른쪽 마우스를 클릭해 '속성'을 선택하면, '레이어
속성'을 변경할 수 있는 창이 나온다([자료 5-15] 참조).

① '스타일'을 선택한다.

② '단계 구분'을 선택한다.

③ '컬럼' : 'PNTCNT'를 선택한다.

④ '색상표' : 사용자의 지정에 따라 바꿀 수 있다.

⑤ '클래스'의 '모드'는 '내추럴 브레이크', '클래스'는 '5'를 선택한 후 '분류'를 선택한다.

⑥ 지금까지 설정한 내용에 대한 범례 값들이 생성된다.

'적용'을 누르면 맵 캔버스에 점포 수별로 색상이 바뀐 것을 알 수 있다. '확인'을 누르면 최종 마무리된다.

[자료 5-15] 스타일 변경 창

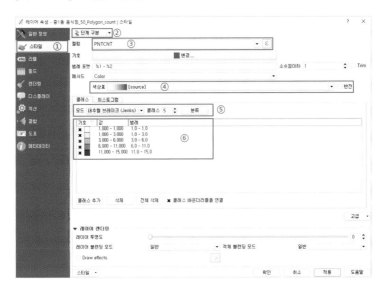

현재의 상태는 부산시 해운대구 중1동이라는 것은 알 수 있지만, 정확한 위치와 폴리곤 내의 점포 수를 확인할 수 없다. 따라서 다음지도를 불러오고, 각 폴리곤 안에 'PNTCNT'의 수를 입력하자.

먼저 메뉴에서 '웹-TMS for Korea-Daum maps-Daum street'를 맵 캔버스에 생성시킨다. 지도의 위치를 제일 뒤로 갈 수 있게 '레이어' 목록에서 다음지도를 제일 아래로 드래그 해 옮긴다.

다음은 '레이어'목록에서 '중1동 음식점_50_Polygon_count'를 선택한 후 오른쪽 마우스를 클릭해 '속성'을 선택하면 '레이어 속성'을 변경할 수 있는 창이 나온다([자료 5-16] 참조).

① '라벨'을 선택한다.
② '이 레이어의 라벨' : 'PNTCNT'를 선택한다.
③ '텍스트'를 선택한다.
④ '크기' : '12.0000'로 지정한다.

필요에 따라 '버퍼'를 선택해 글자 주변에 흰색 버퍼를 만들 수 있다. '적용'을 선택하면 맵 캔버스에 각 셀마다 숫자가 입력된다. 다시 '확인'을 누른다.

[자료 5-16] 라벨 설정

[자료 5-17]은 부산시 해운대구 중1동의 음식점이 가장 많은 곳에서부터 작은 곳까지 색상별로 구분되어 있음을 알 수 있다.

가장 많이 모여 있는 점포 수는 15개의 점포이며, 가장 적게 모여 있는 점포 수는 1개다. 지금까지 점포의 밀도 수를 분석했다. 폴리곤의 사이즈는 사용자의 목적에 맞게 크기를 조절해 사용 가능하며, 필요시 별도로 공간을 직접 설계해 구분해 분석할 수도 있다.

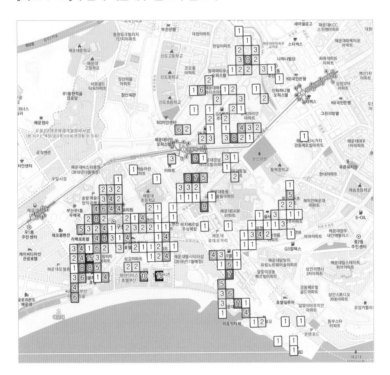

추가적으로 화면을 확대하면 지도상의 위치를 파악하기 힘들다. 특히 그리드 크기가 클 경우 지도를 모두 덮게 되어 위치를 알 수가 없다. 이럴 때 투명도를 조절해 위치를 확인할 수 있다.

'레이어' 목록에서 '중1동_음식점_50_Polygon_count'를 선택한 후 '속성'을 선택한 후 '스타일'을 선택한다. 제일 하단에 '레이어 랜더링'의 '레이어 투명도'를 '40'으로 조절한다([자료 5-18] 참조).

[자료 5-18] 레이어 투명도 조절

▼ 레이어 렌더링
레이어 투명도   40 ▲▼
레이어 블렌딩 모드   일반   ▼ 객체 블렌딩 모드   일반   ▼
    Draw effects

이제 [자료 5-19]와 같이 뒤쪽에 위치한 다음지도상의 정
보가 보인다.

[자료 5-19] 투명도 조정된 밀도 화면

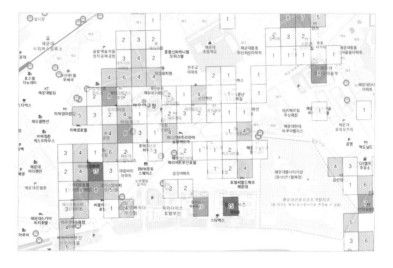

3. 성북구 1997년 이전 건축물 찾기

도시재생사업이 필요한 경우 대부분 정책 발표 시점을 기준으로 30년 노후 건축물이 해당 블록의 80% 이상을 기준으로 한다. 그러나 하나하나 찾아다니면서 건축물대장을 확인하기에는 매우 어렵다. GIS 프로그램은 이때 사용하면 매우 유용하다.

1) 1997년 이전 건축물 찾기

먼저 서울시 성북구의 건축물과 성북구에 위치한 지하철 정보를 불러온다. 불러온 지도의 성북구 지하철 '속성'에서 '스타일'을 선택한 후 지하철역의 색상을 '빨간색', 크기를 '4'로 변경한다. 이제 건축물과 지하철의 위치가 명확하게 구분될 것이다.

예제	파일 위치	좌표체계
shp 파일	문서/GIS DATA/실습 3/성북구 건축물.shp 문서/GIS DATA/실습 3/성북구 지하철.shp	만들어진 좌표 WGS 84

'레이어' 목록에서 '성북구 건축물'을 선택해 '속성 테이블 열기'를 선택해 속성 테이블을 불러온다. '속성 테이블'의 하단에 '모든 객체 보이기'-'고급 필터(식 사용)'을 선택한다([자료 5-20] 참조).

[자료 5-20] 고급필터 선택   [자료 5-21] 고급 필터식 입력 창

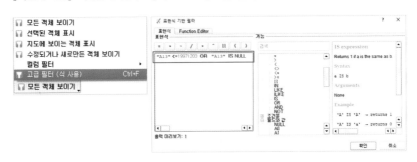

[자료 5-21]의 '표현식 기반 필터' 창에 다음과 같이 입력한다.

"A13"<=19971203 OR "A13" IS NULL

여기에서 NULL은 데이터에 아무것도 입력되지 않았다는 것을 의미한다. 건축물에서는 첫 번째로 오래된 건축물의 건축물 세부 정보가 없는 경우와 현재 건축 중인 건축물로 정보가 없는 경우로 나눌 수 있다. 정보가 없는 건축물은 그 수가 많지 않으므로 현장에서 확인하면 된다.

[자료 5-22] 추출된 건축물에 대한 속성 테이블

① 성북구 건축물 42,620개 중에서 35,604개가 추출되었다.

②의 사각형 박스를 누르면 ③에 필터링 된 정보가 선택된다. 필터링 된 데이터는 맵 캔버스에 건축물이 노란색으로 변경된다.

1997년 12월 3일 이전에 건축한 건축물을 기준으로 확대해보면 노란색으로 가장 많이 보이는 지하철역이 '돌곶이역'이다. 근린시설 보행거리 400m를 기준으로 공간을 설정한다.

2) 지하철역 기준 buffer 설정

메뉴에서 '벡터-공간 연산 도구-버퍼'를 선택한 뒤 다음과 같이 입력한다([자료 5-23] 참조).

① **입력 벡터 레이어** : '성북구 지하철'을 선택한다.
② **원 묘사에 사용할 세그먼트 수** : '10'을 선택한다.
③ **버퍼 거리** : '0.004(400m)'를 입력한다.
④ **출력 Shape 파일** : '실습 3/result' 폴더에 '성북구 지하철_
buffer'를 입력한다.
⑤ **'결과를 캔버스에 추가'** : 선택한 후 '확인'을 클릭하면 [자료
5-24]의 화면이 생성된다.

[자료 5-23] 버퍼 설정   [자료 5-24] 역 기준 버퍼 생성

[자료 5-24]의 돌곶이역을 보면 배경이 보이지 않는다. 투명도를 조정해 배경을 보자.

'성북구 지하철_buffer'를 선택한 후 '속성' 창을 열면 '레이어 속성' 창이 나온다([자료 5-25] 참조).

① '스타일'을 선택한다.
② '단일 심볼'을 선택한다.
③ '색상'의 녹색을 선택한다.

[자료 5-25] 스타일 설정

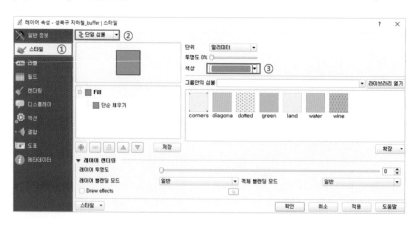

이제 색상을 편집할 수 있는 화면 '색상 선택'이 나온다([자료 5-26] 참조).

① 불투명도 : '0%'로 입력하거나 슬라이더를 아래로 내려 준 후 '확인'을 누르면 다시 '레이어 속성' 창으로 되돌아온다. '확인'을 누르면 맵 캔버스의 버퍼의 색이 투명으로 바뀐 것을 확인할 수 있다([자료 5-26]의 ① 참조).

[자료 5-26] 불투명도 설정

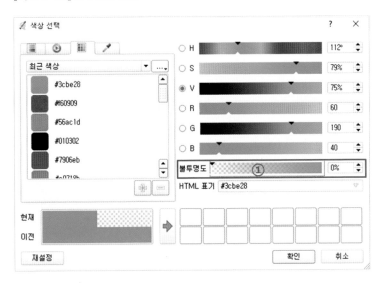

추가적으로 클리핑 기능을 활용해 돌곶이역 400m 범위 안 의 노후된 건축물만 저장할 수 있다. 저장된 정보에는 각 건 축물의 주소도 함께 등록되어 있으므로 실질적 현장 확인이 가능하다.

4. 지하철과 커피전문점들과의 거리 계산

1) 좌표 독취

메뉴에서 '보기-패널-좌표 독취'를 선택한다. 화면에 좌표 독취 창이 뜨면 선택 후 드래그 해 '레이어' 목록 창 아래로 이동시킨다. 이미 화면에 나와 있는 경우에는 다음과 같이 선택한다. 다음지도를 불러와 분석하고자 하는 지역의 지하철역 좌표를 독취한다.

① [자료 5-27]의 '독취 시작' 버튼 클릭한다.
② [자료 5-28]의 다음지도에서 부산시 자갈치역의 7번 출구를 선택한다.
③ [자료 5-29의 '좌표독취' 창에 좌표번호가 생성된다.

[자료 5-27] 독취시작   [자료 5-28] 위치 선택   [자료 5-29] 좌표 독취

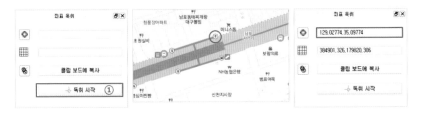

　독취한 X좌표는 129.02774이며, Y좌표는 35.09774이다.

　엑셀을 이용해 [자료 5-30]과 같이 ID 값은 1, Name에는 자갈치역, X좌표에는 129.02774, Y좌표는 35.09774를 입력한다. 저장 경로를 'GIS DATa/실습 3/result' 폴더에 '자갈치역'으로 저장한다. [자료 5-31]의 파일 형식은 .csv(쉼표로 분리)로 저장한다.

[자료 5-30] 엑셀에 입력   [자료 5-31] CSV로 저장

이제 자갈치역의 위치좌표가 생성되었다. 좌측의 도구모음에서 ▣를 선택해 자갈치역을 불러온다. 다음지도 위에 자갈치역의 위치정보가 등록되었다.

2) 거리 행렬 계산하기

이제 자갈치역을 기준으로 커피전문점의 직선거리 값을 구해 보자.

메뉴에서 '벡터-분석도구-거리 행렬 계산하기'를 선택한다. '거리 행렬' 창이 나오면 다음과 같이 입력한다([자료 5-32] 참조).

① **입력 점 레이어** : '국제시장 커피전문점'을 선택한다.
② **입력 고유 ID 필드** : 'ID_NUM'을 선택한다.
③ **대상 점 레이어** : '자갈치역'을 선택한다.
④ **대상 고유 ID 필드** : 기본적으로 'ID'를 선택하면 숫자로 인식되어 CSV 파일을 바로 읽을 수 있다. 그러나 여기서는 Name을 선택한다.
⑤ **출력 매트릭스 타입** : '표준(N×T)거리 행렬'을 선택한다.

⑥ **거리 행렬 출력** : 'GIS DATA/실습 3/result' 폴더에 '자갈치역_커피전문점 최단거리'를 입력한다. 저장 방식은 CSV 방식이다.

[자료 5-32] 거리 행렬 입력

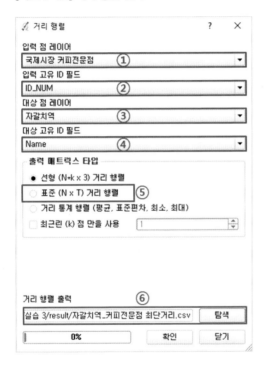

'확인'을 누르면 자동으로 커피전문점과 자갈치역과의 거리가 계산된다.

다시 [이미지]를 선택해 '자갈치역_커피전문점 최단거리.csv'를 불러온다. 미리 보기 창에 문자가 깨져 있을 것이다. '구분자로 분리된 텍스트 파일에서 레이어 만들기' 창에서 다음과 같이 입력한다([자료 5-33]참조).

① **파일 이름** : '자갈치역_커피전문점 최단거리.csv'를 입력한다.

② **레이어 이름** : '자갈치역_커피전문점 최단거리'로 자동 입력된다.

③ **인코딩** : 'System'에서 'UTF-8'로 바꾼다.

④ **'CSV(쉼표로 구분된 값)** : 선택한다.

⑤ **'지오메트가 아님(단지 속성 테이블임)** : 선택한 후 '확인'을 누른다.

[자료 5-33] 구분자로 분리된 텍스트 파일 열기

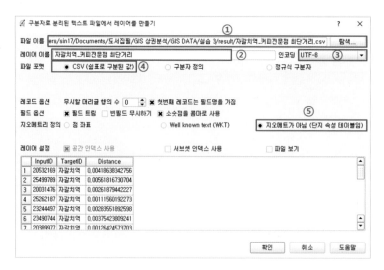

부동산 중개, 이제 GIS 시대다!

이제 깨진 문자가 제대로 모일 것이다. '레이어' 목록 창에서 '자갈치역_커피전문점 최단거리'를 선택한 후 속성 테이블을 열면 자갈치역을 기준으로 각 커피전문점의 거리가 나온다.

그러나 속성 테이블에 나와 있는 숫자가 이상할 것이다. 이것은 WGS 84 좌표체계에서의 거리를 설정해 발생한 것이다. 실제 거리는 Distance×100,000을 해야 실제 거리가 된다.

'필드 계산기'를 이용해 실제 거리로 변환하자. 속성 테이블에서 필드 계산기 아이콘을 선택하면 '필드 계산기' 창이 나온다([자료 5-34] 참조).

① **출력 필드 이름** : '실 거리'로 입력한다.

② **출력 필드 유형** : '정수(integer)'로 변경한다.

③ **출력 필드 폭** : '10'으로 고정한다.

④ **표현식** : "Distance"×100000을 입력한 뒤 확인을 선택한다.

[자료 5-34] 필드 계산기로 실 거리 필드 추가

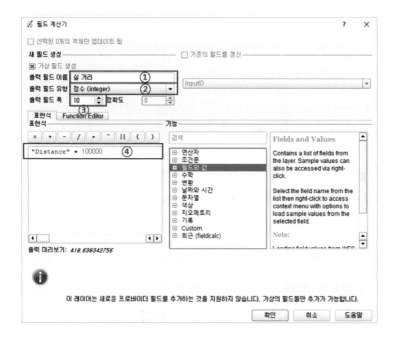

[자료 5-35]와 같이 '속성 테이블'을 불러온 뒤 확인하면 '실 거리' 필드가 생성되어 있으며, 각 항목의 칼럼이 실 거리로 바뀐 것을 알 수 있다. CSV 파일은 엑셀 프로그램을 활용해 계산할 수 있다.

[자료 5-35] 커피전문점 실 거리 필드 확인

	InputID	TargetID	Distance	실 거리
0	20532169	자갈치역	0.00418638342	419
1	25499789	자갈치역	0.00561816730	562
2	20031476	자갈치역	0.00261879442	262
3	25262187	자갈치역	0.00111560192	112
4	23244497	자갈치역	0.00283551892	284
5	23490744	자갈치역	0.00375423809	375
6	20389977	자갈치역	0.00126424573	126
7	25295124	자갈치역	0.00411392601	411
8	25240836	자갈치역	0.00390056371	390
9	20673031	자갈치역	0.00385157612	385

그러나 현재의 결과 값은 가상 메모리로 저장되어 있는 상태다. '레이어' 목록에서 해당 파일을 삭제할 경우 저장되지 않은 상태로 원본 파일만 저장된다. 따라서 '다른 이름으로 저장'을 선택한 후 별도로 저장해야 한다.

3) Geocorder-Xr V3 사용법

대상 지역의 좌표를 독취할 객체가 많지 않을 경우에는 하나씩 좌표를 입력해 작업해도 크게 무리가 되지 않지만, 주소의 수가 많을 경우에는 하나씩 하기에는 무리가 따른다. 주소 정보를 이용해 자동으로 좌표를 부여할 수 있다.

이 프로그램은 '공간정보시스템 기반 기술 연구소'가 개발해 이용자를 위해 무료 배포하고 있는 매우 유용한 프로그램이다. 자세한 설명과 다운로드는 아래의 URL을 이용해 다운받을 수 있으며, 설치 또한 매우 간편해 누구나 쉽게 이용할 수 있다.

http://www.gisdeveloper.co.kr/?p=4784

'Geocorder-Xr'은 다음과 같이 구성되어 있다([자료 5-36] 참조).

① **CSV 주소 읽기** : CSV 파일을 불러올 수 있다.

② **주소필드** : CSV 파일에 입력되어 있는 주소 정보 필드를 선택한다.

③ **결과 shp 파일** : 저장 경로를 지정하고, 파일명을 입력하면 shp 파일로 저장된다.

④ **결과를 CSV 파일 형태로도 저장** : CSV 파일명으로도 저장된다.

⑤ **주소 목록** : 주소필드의 주소 내용이 나타난다.

⑥ **시작** : 주소를 이용해 좌표 값이 생성된다.

⑦ **지도 보기** : 입력된 좌표 값에 대해 지도로 위치가 나타난다.

[자료 5-36] Geocorder-Xr 설정

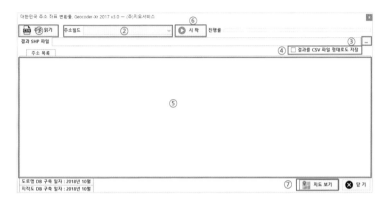

서울시에 소재한 대학교 주소를 이용해 좌표정보를 독취한다.

예제	파일 위치	좌표체계
CSV 파일	문서/GIS DATA/실습 3/ 서울시 대학교.csv	WGS 84

다음과 같이 입력한다([자료 5-37] 참조).

① CSV 주소 읽기 : '서울시 대학교.csv'를 선택하면 그림 ⑤ 와 같이 주소목록 창에 정보가 나타난다.

② 주소 필드 : '주소'를 선택한다.

③ 결과 shp 파일 : 'GIS DATA/실습 3/result'폴더를 지정한 후 '서울시 대학교 좌표'를 입력한다.

④ '결과를 CSV 파일 형태로도 저장'을 선택한다.

⑤ 좌표가 만들어지는 창이다.

⑥ '시작'을 클릭하면 자동으로 경도와 위도의 좌표 값이 등록된다.

[자료 5-37] 서울시 대학교 주소 등록

좌표 독취가 완료되면 자동으로 지도가 나타나게 된다. OK를 클릭하면 사라진다([자료 5-38] 참조).

[자료 5-38] Geocorder-Xr 지도 생성

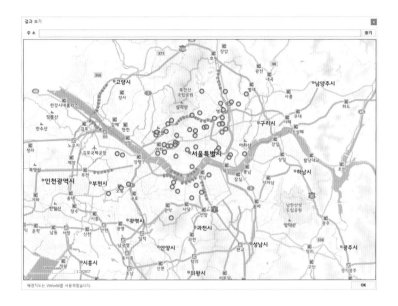

그러나 주소 중에 독취되지 않은 좌표도 나온다. 이런 경우는 주소가 정확하지 않을 때 나타난다. 주소를 다시 확인해 수정한 뒤 시작하거나 그 수가 많지 않을 경우에는 직접 좌표를 독취해 입력해도 된다.

[자료 5-39]는 GIS 프로그램에서 불러온 모습이다. 기본 좌표를 기준으로 학생 수 및 각종 정보를 결합할 수 있다.

[자료 5-39] QGIS의 대학교 점사 모습

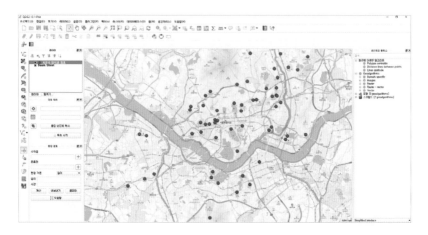

부동산 중개, 이제 GIS 시대다!

Chapter 06

공간
분류

1. 상권 공간 분류

현장에서 상권을 분석하기 위해 사용자의 경험이나 환경에 따라 배후지 공간을 분류해 분석해야 한다. 그러나 분류하다 보면 경계선을 만들기 어려운 경우도 있다. 이때 보로노이 방식에 의한 분류와 델러니 방식에 의한 분류, 사용자의 경험에 의한 분류 방식으로 나눌 수 있다.

1) 보로노이 방식

상권의 경계를 버스정류장이나 지하철을 기준으로 경계를 만들어 볼 수 있다. 먼저 지하철역을 이용한 보로노이 방식의 배후지 분류 방식을 연습한다.

(1) 지하철역 기준으로 분류

예제	파일 위치	좌표체계
shp 파일	문서/GIS DATA/실습 4/영등포 지하철.shp	WGS 84

메뉴에서 '벡터-지오메트리 도구-보로노이 폴리곤'을 선택한 뒤 다음과 같이 입력한다([자료 6-1] 참조).

① **입력 점 벡터 레이어** : '영등포 지하철'을 선택한다.
② **출력 폴리곤 Shape 파일** : 'GIS DATA/실습 4/result' 폴더에 '영등포 보로노이'를 입력한 후 확인을 클릭한다.

[자료 6-1] 보로노이 설정　　　　**[자료 6-2] 보로노이 실행 화면**

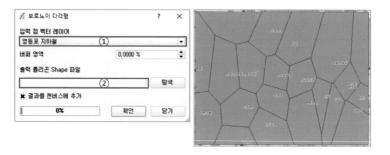

[자료 6-2]와 같이 영등포 주변 역을 기준으로 경계선이 만들어진 것을 확인할 수 있다. 지도의 배경이 보이지 않으므로 색상에 투명도를 '0'으로 조정한 후 보로노이 경계선을 굵게 만들어 구분한다.

먼저 '레이어' 목록에서 '영등포 보로노이'를 선택한 후 '속성'을 선택한 후 불투명도를 '0'으로 조정한다([자료 6-3] 참조).

[자료 6-3] 불투명도 설정

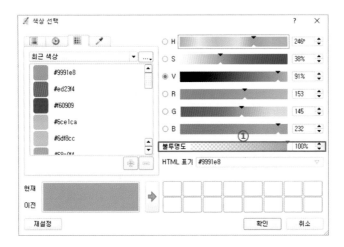

다음은 경계선(버더)을 굵게 조정한다. '레이어 속성'의 '스타일'에서 'Fill-단순 채우기'를 선택([자료 6-4] 참조)하면 색상과 버더 등을 변경할 수 있는 항목의 창이 나온다([자료 6-5] 참조).

[자료 6-4] 스타일 설정

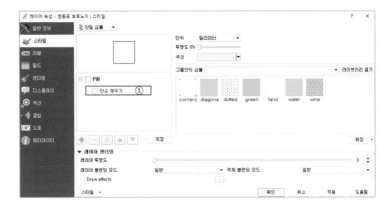

[자료 6-5]와 같이 '버더'의 두께를 '0.260000'으로 수정하고, '적용', '확인'을 클릭하면 배경의 지도가 보이며, '버더'의 굵기도 바뀐 것을 알 수 있다.

[자료 6-5] 버더 두께 조정

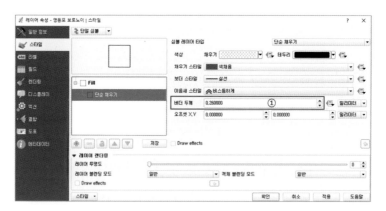

이번엔 [자료 6-6]과 영등포구의 점포정보를 불러와서 같은 공간에 입사해 분석을 시작한다. '문서/GIS DATA/실습 4' 폴더에서 '영등포 점포정보'를 선택한다.

예제	파일 위치	좌표체계
CSV 파일	문서/GIS DATA/실습 4/영등포 점포정보.csv	WGS 84

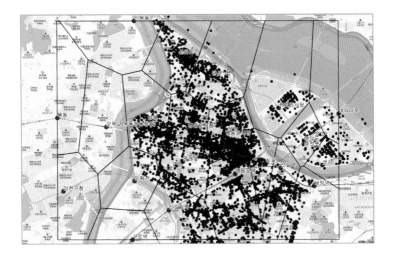

이제 앞에서 공부한 각 폴리곤에 점포 수를 카운트 해 입력한다. '벡터-분석도구-폴리곤의 점'을 선택한 뒤 다음과 같이 입력한다([자료 6-7] 참조).

① **입력 폴리곤 벡터 레이어** : '영등포 보로노이'를 선택한다.
② **입력 점 벡터 레이어** : '영등포 점포정보'를 선택한다.
③ **출력 Shape 파일** : 'GIS DATA/실습 4/result' 폴더에 '영등포 보로노이_count'를 입력한 뒤 '확인'을 클릭한다.

[자료 6-8]을 확인하면 속성 테이블에 'PNTCNT' 항목에 점포 수가 입력되어 있다. 추가적으로 앞에서 배운 내용을 바

탕으로 클리핑, 병합 등의 방법으로 공간별로 구분해 분석할
수 있다.

[자료 6-7] 폴리곤의 점 설정   [자료 6-8] 점포 수 필드 추가

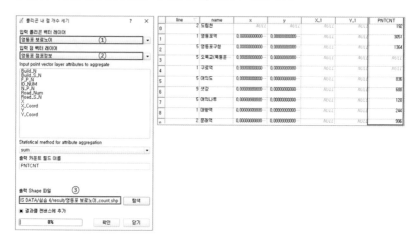

지금까지 영등포 인근의 지하철역을 기준으로 보로노이 방
식으로 배후지를 구분했다. 이번에는 직장인구를 구분한다.

예제	파일 위치	좌표체계
shp 파일	문문서/GIS DATA/실습 4/영등포 직장인구.shp	WGS 84

'문서/GIS DATA/실습 4'폴더에서 '영등포 직장인구.shp'
를 불러온다. 현재 '레이어' 목록에는 [자료 6-9]와 같이 '다

음지도, 영등포 보로노이, 영등포 직장인구'만 나오게 한다.

[자료 6-9] 레이어 목록 확인

메뉴에서 '벡터-분석도구-폴리곤의 점'을 선택하면 '폴리곤 내 점 개수 세기' 입력 창이 나오며 다음과 같이 입력한다([자료 6-10] 참조).

① **입력 폴리곤 벡터 레이어** : '영등포 보로노이'를 선택한다.

② **입력 점 벡터 레이어** : '영등포 직장인구'를 선택한다.

③ Input point vector layer attributes to a aggregate : 'POP~POP_80' 까지 선택한다.

④ **출력 Shape 파일** : 'GIS DATA/실습 4/result' 폴더에 '영등포 직장인구정보'를 입력한 후 확인을 클릭한다.

[자료 6-10] 폴리곤의 점 세부항목 설정

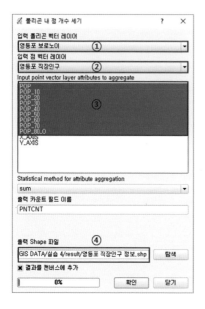

'레이어' 목록에서 '영등포구 직장인구'를 선택해 속성 테이블을 열면, 영등포구 직장인구가 연령대별로 합계되어 결합된 것을 확인할 수 있다([자료 6-11] 참조).

[자료 6-11] 연령별 속성 테이블 필드 확인

POP_sum	POP_10_sum	POP_20_sum	POP_30_sum	POP_40_sum	POP_50_sum	POP_60_sum	POP_70_sum	POP_80_O_s
7063,49892999	0,00000000000	1442,70591000	3007,71409000	1543,58315000	749,122530000	248,560820000	68,9160200000	2,89641000000
22251,2492700	13,6760100000	4256,30047999	6898,73585999	5699,88320000	3656,65350000	1454,37007999	232,210949999	39,4191900000
14043,6048699	0,27555000000	2701,72470000	4805,16766999	3481,41891999	2211,26670999	716,908550000	121,248569999	5,59420000000
0,51060000000	0,00000000000	0,00000000000	0,00000000000	0,00000000000	0,51060000000	0,00000000000	0,00000000000	0,00000000000
NULL	*NULL*	*NULL*	*NULL*	*NULL*	*NULL*	*NULL*	*NULL*	*NULL*
48795,5972299	42,0502499999	13417,3350399	21181,1595500	9235,68574999	3451,74446999	1197,51418000	249,621229999	20,4867599999
29876,6606400	23,2184599999	7396,69455999	12572,9816200	6207,55454999	2501,82586999	967,823100000	192,859570000	13,7029099999
6526,30608999	19,9016899999	1682,59617999	3147,69842000	1201,41624999	364,696869999	94,3099799999	15,6867000000	0,00000000000

(2) 버스정류장 기준으로 분류

버스정류장을 기준으로 하는 상권은 배후지가 주거지나 업무시설 등과 연관된 곳에서 사용한다. 해당 지역에 대한 건물 배치와 보행자 동선을 모르면 분석하는 데 어려움이 있다. 따라서 보로노이 방식으로 분류하면 쉽게 분류가 가능하며, 별도로 편집 작업을 통해서 보다 세밀하게 분류해 분석할 수 있다.

예제	파일 위치	좌표체계
shp 파일	문서/GIS DATA/실습 4/강동구 버스정류장.shp 문서/GIS DATA/실습 4/강동구 건축물.shp	WGS 84

'문서/GIS DATA/실습 4/강동구 버스정류장.shp'를 선택한 뒤 다음과 같이 입력한다([자료 6-12] 참조).

① **입력 점 벡터 레이어** : '강동구 버스정류장'을 선택한다.
② **출력 폴리곤 Shape 파일** : 'GIS DATA/실습 4/result' 폴더에 '영등포 버스정류장_보로노이'를 입력한 뒤 '확인'을 클릭한다.

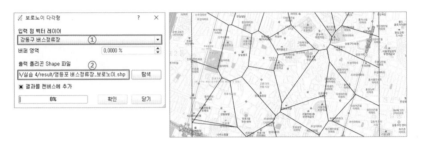

[자료 6-12] 보로노이 설정　　　[자료 6-13] 보로노이 실행 화면

[자료 6-13]을 보면 각 버스정류장의 중심점을 기준으로 공간별 경계선이 만들어졌다. 앞에서 점포정보 및 직장인구정보 등을 바탕으로 이미 데이터를 결합하는 작업을 해봤다.

이번에는 건축물정보를 바탕으로 클리핑 기능을 활용해 분리된 공간의 건축물을 분류한다.

메뉴에서 '벡터-공간연산도구-클리핑'을 선택한 후 다음과 같이 입력한다([자료 6-14] 참조).

① **입력 벡터 레이어** : '강동구 건축물'을 선택한다.

② **레이어 클리핑** : '강동구 버스정류장_보로노이'를 선택한다.

③ **출력 Shape 파일** : 'GIS DATA/실습 4/result' 폴더에 '강동구 버스정류장_보로노이_클리핑'을 입력한 뒤 '확인'을 클릭한다.

[자료 6-15]와 같이 강동구의 건축물 중에 클리핑 된 건축물만 추출되었다. 이제 속성 테이블을 열고 각 데이터들을 확인해 분석에 필요한 정보만 별도로 저장할 수 있다.

속성 테이블 하단의 '모든 객체 보이기'를 선택한 뒤 '컬럼 필터', 'A9'를 선택하면 속성 테이블 하단에 입력 창이 나타난다([자료 6-16] 참조). [자료 6-17]과 같이 입력 창에 '근린생활'을 입력한다.

[자료 6-16] 컬럼 필터   [자료 6-17] 컬럼 필터 입력

[자료 6-18]과 같이 1종 근린생활시설과 2종 근린생활시설 정보만 추출된다. 전체 7,640개의 건축물 중에 근린생활시설 1,148개가 필터링 되었다. 노란색이 해당 지역의 근린생활시설에 해당된다. 근린생활시설은 대부분 점포용도로 사용하고 있으므로 해당 지역의 점포정보를 같이 보면 보다 쉽게 분석이 가능하다.

[자료 6-18] 구분된 상권의 근린시설 추출

2) 댈러니 방식

댈러니 방식은 점포의 공간 밀집형태로 분석할 수 있는 방법이다. 각 점포들을 서로 연결하는 방식으로 연결선이 많이 만날수록 공간 밀집도가 높다. 주로 사용자가 잘 모르는 지역을 분석할 때 이용하면 매우 유용하다.

예제	파일 위치	좌표체계
CSV 파일	문서/GIS DATA/실습 4/대전시 중개업.csv	WGS 84

'문서/GIS DATA/실습 4' 폴더에서 '대전시 중개업.csv' 파일을 불러온다. 메뉴에서 '벡터-지오메트리 도구-댈러니 삼각형 분할'을 선택한 뒤 다음과 같이 입력한다([자료 6-19] 참조).

① **입력 점 벡터 레이어** : '대전시 중개업'을 선택한다.
② **출력 폴리곤 Shape 파일** : 'GIS DATA/실습 4/result' 폴더에
'대전시 중개업-댈러니'
를 입력한다.

[자료 6-19] 댈러니 분할

[자료 6-20]과 같이 속성에서 불투명도를 '0'을 만들면 중개업이 밀집된 지역을 확인할 수 있다. 분석을 원하는 지역을 확대하면([자료 6-21] 참조) 중개업이 몰려 있는 곳을 세부적으로 알 수 있다. 댈러니 방식의 특징은 점 좌표를 기준으로 구분된다.

[자료 6-20] 불투명도 0 설정   [자료 6-21] 확대화면

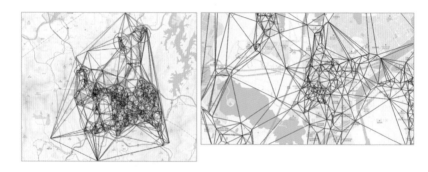

3) 사용자의 구분

사용자는 조사대상 지역을 세부적으로 자세히 구분할 수 있다. 사용 방법은 'Chapter 7의 1. 공간데이터' 항목의 '2) 새로운 벡터 데이터 만들기'에 자세히 나오므로 여기서는 생략한다.

Chapter 07

공간 데이터 생성

1. 공간 데이터

사용자는 공간 데이터를 직접 만들 수 있다. 사용능력에 따라 도시 설계를 위한 기본 설계와 각종 필요한 정보를 입력할 수 있다. 사용에 필요한 기능 중 가장 많이 사용하는 기능 위주로 하나씩 연습할 수 있다.

1) 벡터 데이터 부분 수정

(1) 객체 변형

먼저 메뉴에서 '웹-Daum Maps-Daum street'를 선택해 다음지도를 불러온 후 '부산시 시군구.shp' 파일을 불러온다.

예제	파일 위치	좌표체계
shp 파일	문서/GIS DATA/실습 5/부산시 시군구.shp	만들어진 좌표

[자료 7-1]을 확인하면 지도상의 부분과 부산시 시군구의 지도가 일치하지 않는 모습을 볼 수 있다(빨간색 원형). 이제 이 부분 중 일부를 부분 수정해 일치시키는 작업을 하자.

[자료 7-1] 다음지도에 부산시 시군구 맵핑

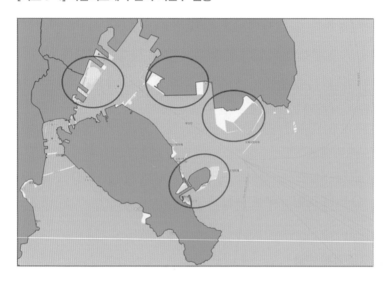

도구모음에서 '편집전환' 아이콘 을 선택하면 [자료 7-2] 와 같이 편집모드로 바뀐다.

[자료 7-2] 편집 모드

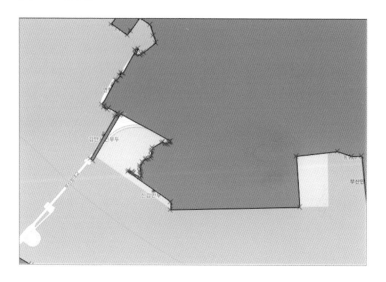

　메뉴에서 '편집-노드 도구'를 선택하면 마우스의 커서가 +
모양으로 바뀌게 된다([자료 7-2] 참조). 또는 도구 모음에서
▨을 선택하면 노드 편집모드로 전환된다. 커서를 편집하고
자 하는 ×를 선택하면 노드를 이용할 수 있는 형태로 변화
된다.

　[자료 7-3]과 같이 노드 포인트를 선택한 후 화살표 방향
으로 드래그 하면 [자료 7-4]와 같이 노드가 이동하게 된다.

[자료 7-3] 노드 포인트 이동　　　**[자료 7-4] 노드 포인트 이동 후**

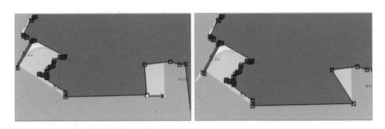

해당되는 노드가 많을 경우 노드를 선택한 후 키보드의
Delete키를 누르면 삭제된다. 필요 없는 노드는 삭제한다.

[자료 7-5] 노드 변경 완료

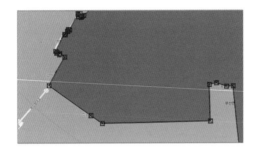

필요 없는 노드를 삭제한 후 편집을 통해서 정확히 일치하
는 그림을 완성했다. 같은 방법으로 사용자가 직접 수정할 수
있다. ▨를 다시 누르면 노드 편집이 해제되고, ✎를 선택
하면 저장 여부를 질의한다. '저장'을 클릭하면 같은 이름으로
파일이 저장된다([자료 7-6] 참조).

[자료 7-6] 편집 종료 후 저장하기

(2) 객체 회전

예제	파일 위치	좌표체계
shp 파일	문서/GIS DATA/실습 5/구리시 토지이용정보.shp	EPSG 5174

객체를 회전하기 위해 먼저 을 선택하면 지도에 수정할 수 있는 모드로 바뀐다.

메뉴에서 '편집-객체회전'을 선택한다([자료 7-7] 참조).

회전하고자하는 객체를 선택한 후 회전하면 [자료 7-8]과 같이 회전된다.

[자료 7-7] 회전 선택   [자료 7-8] 객체 회전

(3) 객체 단순화

메뉴에서 '편집-객체 단순화'의 대상 객체를 선택하면 객체를 단순화시킬 수 있다. 객체의 수가 많을 경우 단순화할 때 효과적이지만, 객체의 수가 작을 경우는 모양이 변형된다. '허용 범위' 수를 조절할 수 있는 바를 이용한다([자료 7-9] 참조).

[자료 7-9] 객체 단순화

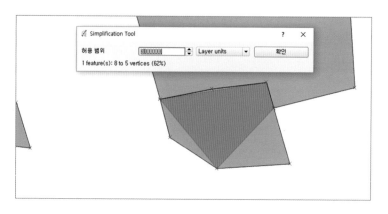

(4) 링 추가

기본적인 폴리곤의 가운데에 구멍을 뚫는다고 생각하면 된다. 메뉴에서 '편집-링 추가'를 선택한다. 편집할 객체를 선택하고 링을 만든 후([자료 7-10] 참조) 오른쪽 마우스를 클릭하면 선택한 공간에 구멍이 형성된다([자료 7-11] 참조).

[자료 7-10] 링 편집	[자료 7-11] 링 편집 완료

(5) 링 삭제

메뉴에서 '편집-링 삭제'를 선택한 뒤 만들어놓은 링을 클릭하면 자동으로 삭제되고, 그 속에 기존의 객체가 채워진다.

(6) 파트 추가

도구모음에서 ▣을 선택한 뒤 새로운 객체를 추가할 객체를 선택한다([자료 7-12] 참조). 그리고 선택된 객체를 포함하거나 인접해서 객체를 새로 추가할 수 있다([자료 7-13] 참조).

[자료 7-12] 파트 추가 객체 선택	[자료 7-13] 파트 추가

(7) 파트 삭제

만들어진 객체나 기존의 객체를 삭제한다. 메뉴에서 '편집-파트 삭제'를 선택한 후 삭제하고자 하는 파트를 선택하면 자동으로 삭제된다.

(8) 객체 분할

하나의 객체를 두 개의 객체로 나눌 때 사용하는 기능이다. 메뉴에서 '편집-객체 분할'을 선택한다. 속성 테이블을 확인하면 객체가 분리된 것을 확인할 수 있다([자료 7-14], [자료 7-15] 참조).

[자료 7-14] 객체 분할   [자료 7-15] 객체 분할 완료

(9) 선택한 객체 병합

두 개로 분리된 객체를 하나의 객체로 만들 수 있다. 도구모음에서 🔲을 선택한 뒤 병합할 객체를 선택한다. 메뉴에서 '편집-선택된 객체 병합(활성화 됨)'을 선택한 뒤 '확인'을 클릭하면 '객체의 속성을 결합' 창이 나온다. '확인'을 선택하면

두 개의 객체가 하나로 만들어지며 세부 데이터도 합쳐진다
([자료 7-16] 참조).

[자료 7-16] 객체의 속성 결합 테이블

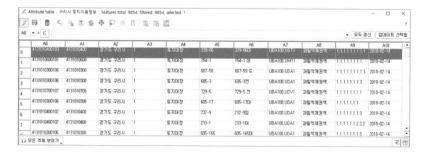

[자료 7-17]과 같이 속성 데이터를 확인하면 합쳐진 정보
가 나온다.

[자료 7-17] 구리시 토지이용정보 속성 테이블

2) 새로운 벡터 데이터 만들기

지금까지는 기존의 파일을 수정했다면 이제 직접 벡터 데이터를 만들어보자. 우리나라의 지도정보는 최소단위가 행정동이지만, 이 기능에 잘 이용하면 분석하고자 하는 상권의 권역을 직접 구분해 세분화해 직접 단위별로 분석할 수 있고, 다양한 표현 방법으로 멋진 상권보고서 및 부동산 보고서를 작성할 수 있다.

다음지도를 맵 캔버스에 불러온 후 대구광역시청을 기준으로 해서 도로 단위로 나눌 수 있다. [자료 7-18]과 같이 메뉴에서 '레이어-레이어 생성-새 Shape 파일 레이어'를 선택한다. 또는 왼쪽의 도구모음에서 [Vᵃ]을 선택해 '새 Shape 파일 레이어'를 선택할 수 있다.

[자료 7-18] 레이어 생성

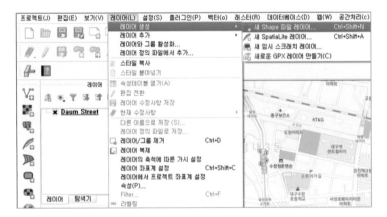

부동산 중개, 이제 GIS 시대다!

'새 벡터 레이어' 창에서 다음과 같이 입력한다([자료 7-19] 참조).

① 유형 : '다각형'을 선택한다.

② 파일 인코딩 : 'System'을 선택한다.

③ '파일 인코딩'의 좌표 : 화면에 나온 기본 좌표를 사용한다.

④ 새 속성 : '이름'에 '대구광역시'를 입력한다.

⑤ '새 속성'의 유형 : '텍스트 데이터'를 유지한다.

⑥ '새 속성'의 폭 : '20'을 입력한다.

⑦ '속성 목록에 추가'를 선택한다.

⑧ '속성 리스트'에 '대구광역시'가 추가된다.

[자료 7-19] 새 벡터 레이어 설정

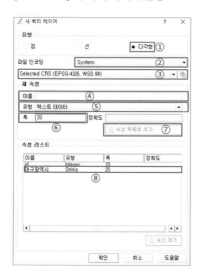

모든 입력이 끝나고 '확인'을 클릭하면 '새 이름으로 레이어 저장' 창이 나온다. '파일 이름'에 '대구광역시 공간 분류'를 입력한다. [자료 7-20]과 같이 저장 공간은 'GIS DATA/실습 5/result' 폴더에 저장한다.

[자료 7-20] 윈도우 방식의 저장 화면

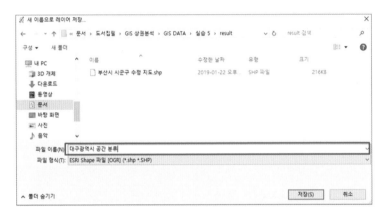

'레이어' 목록에 '대구광역시 공간 분류' 항목이 추가되었다. 그러나 화면에는 아무런 변화가 없는 것을 알 수 있다. 이제부터 객체를 하나씩 만들어 보자.

도구모음에서 '편집전환' 아이콘 📝을 선택한 후 메뉴에서 '편집-객체 추가'를 선택한다. 마우스 커서가 ⊕모양으로 변경된다. 이제 대구광역시청을 기준으로 블록을 추가한 후 속성 테이블을 확인해보자. [자료 7-21] 같이 지도를 최대로 확대한 후 각 지점마다 클릭하면서 이동하면 블록이 만들어진다.

[자료 7-21] 벡터 레이어 생성 시 블록 설정

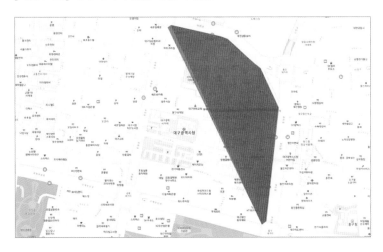

블록을 모두 완성한 후 끝나는 지점에서 오른쪽 마우스를 클릭하면 피처 속성 창이 나온다. [자료 7-22]와 같이 입력한다.

① id : '01'을 입력한다.
② 대구광역시 : '시청인근'을 입력한다.

입력을 마친 후 확인을 누르면 피처가 생성된 것을 확인할 수 있다. '대구광역시 공간 분류'의 속성 테이블을 확인하면 'id'에 '1', '대구광역시'에 '시청인근'이 입력된 것을 확인할 수 있다.

다시 '편집-객체 추가'를 선택해 동일하게 작업을 진행한다. 사용자의 선택에 따라 다양한 공간을 추가할 수 있다. ✎을 클릭하면 '편집 종료'창이 나타나며, '저장'을 클릭한다([자료 7-23] 참조).

[자료 7-23] 편집 종료와 저장하기

지금까지 만든 객체들을 맵 캔버스에서 확인할 수 있다([자료 7-24] 참조).

[자료 7-24] 사용자 객체 생성

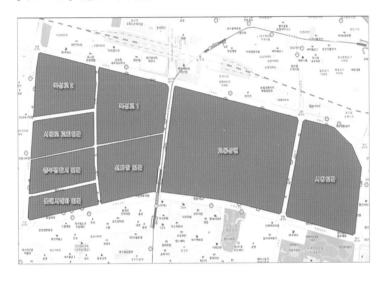

지금까지 만든 자료를 바탕으로 대구시 커피전문점의 데이터를 불러와 데이터를 입력하도록 한다.

먼저 'GIS DATA/실습 5'에서 '대구시 중구 커피전문점.csv' 파일을 불러온다([자료 7-25] 참조). 글씨가 깨질 경우 '인코딩'에서 'System'을 선택한 후 '확인'을 클릭한다.

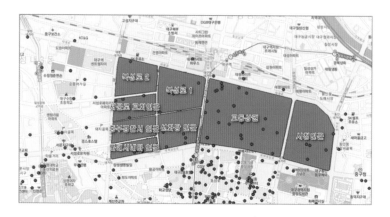

이제 각 객체에 커피전문점의 수를 결합하자. 메뉴에서 '벡터-분석도구-폴리곤의 점'을 선택한다([자료 7-26] 참조).

① **입력 폴리곤 벡터 레이어** : '대구광역시 공간 분류'를 선택한다.

② **입력 점 벡터 레이어** : '대구시 중구 커피전문점'을 선택한다.

③ **출력 카운트 필드 이름** : 'GIS DATA/실습 5/result' 폴더에 '대구시 중구 커피전문점_count'를 입력한 후 확인을 선택한다.

[자료 7-26] 폴리곤의 점

지금까지 작업한 내용을 기반으로 해당 상권을 분석한 결과 교동 상권에는 커피전문점이 40개, 롯데시네마 인근과 시청 인근에 7개, 북성로 1번 구역과 서문로 교회 인근, 선화당 인근에 5개, 북성로 2번 블록에 1개, 중부경찰서 인근에 0개가 입점 되어 있는 것으로 나타났다(2018년 9월 기준).

[자료 7-27] 단계 구분도

보다 다양한 방법으로 통계 분석을 진행하는 것은 앞서 표현 방법에 대해 공부했다. 보다 세밀하게 분석할 경우 더 작게 만들어서 분석할 수 있다. 단지 방법만 공부한 것뿐이다.

3) 불필요한 도로 삭제하기

상권 현장을 분석하다 보면 유동인구가 다니기 불편한 도로를 선택해 최단거리를 만드는 경우가 있다. 유동인구가 다니기 편한 길을 확정하기 위해 기존의 도로정보에서 불필요한 도로를 삭제해야 제대로 된 동선이 만들어진다.

[자료 7-28]의 실제 사례를 보고 왜 수정해야 하는지를 확

인해보자. 서울시 강동구 천호역 5번 출구를 기준으로 원하는 위치를 선정하면 지하철 출구 뒤로 되돌아 나와 최단거리 경로(빨간색 선)를 설정하게 된다. 그러나 이 길은 현대백화점의 주차차량이 나오는 동선으로 인도의 폭이 매우 좁고, 차량의 이동이 빈번해 유동인구가 보행하기에는 매우 불편하다([자료 7-29] 참조).

🔍 **주의사항**

항상 원본파일은 보관하고 있어야 한다. 빅데이터 작업을 하다 보면 원본파일에 대한 부주의로 새롭게 작업을 진행하지 못하고, 원본파일을 다시 찾아다니는 일이 많다.

[자료 7-28] 실제 보행도로정보의 최단거리

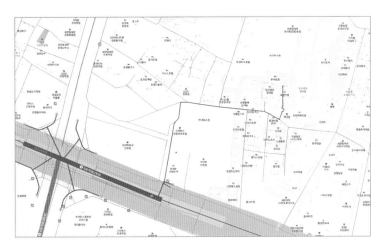

　따라서 제대로 된 분석을 위해 해당 도로 노드를 삭제해 다시 분석해야 정확한 최단거리가 나오게 된다. 다시 말하면 현장을 확인하지 않은 분석은 잘못된 분석일 뿐이다.

예제	파일 위치	좌표체계
shp 파일	문서/GIS DATA/실습 5/강동구 보행도로.shp	EPSG 5174

　먼저 다음지도를 먼저 불러온 후 강동구 보행도로.shp를 불러온다.

　도구모음에서 객체선택 아이콘 에서 ▼을 선택하면 객체를 선택할 수 있는 종류가 나온다. 여기서는 '프리핸드로 객체 선택'을 클릭한 후 삭제하고자 하는 선을 드래그한다([자료 7-30] 참조).

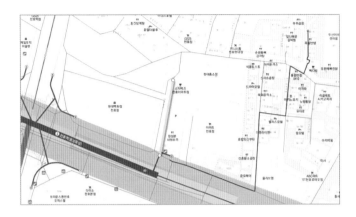

다시 도구모음에서 편집모드 아이콘 🖊 을 선택하면 노드를
편집할 수 있는 상태로 변환된다. 다시 도구모음에서 삭제 아
이콘 🗑 을 선택하면 노드가 사라진다([자료 7-31] 참조).

[자료 7-31] 불필요한 도로 삭제

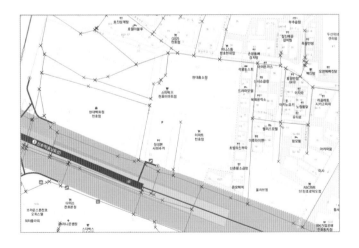

최단거리 속성 설정에 대한 내용은 'Chapter 04'의 '4. 최단거리 추출과 보행상 점포정보 구하기'를 참조한다. ✏️를 선택하면 편집모드가 해제된다. 다시 최단거리를 확인하면 다음 [자료 7-32]와 같이 실질적으로 유동인구가 이동할 수 있는 최단거리(빨간색 선)가 나타나게 된다.

[자료 7-32] 실질적 최단거리

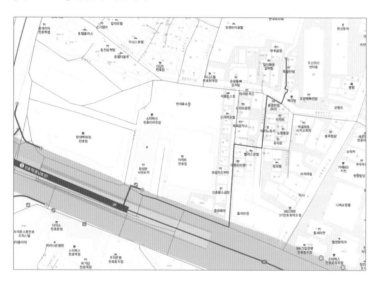

4) 중심점 생성과 데이터 결합

폴리곤의 중심점을 만들어 각종 데이터를 폴리곤의 중심점에 결합하는 것이다. 여기에서는 지도상의 중심점을 만드는 방법과 그리드 셀을 만들어 중심점을 만드는 방법에 대해 연습한다.

예제	파일 위치	좌표체계
shp 파일 CSV 파일	문서/GIS DATA/실습 5/서울시 행정동.shp 문서/GIS DATA/실습 5/서울시 업종.csv	WGS 84

메뉴에서 '벡터-지오메트리 도구-폴리곤 센트로이드'를 선택한다. 다음과 같이 입력한다([자료 7-33] 참조).

① **폴리곤 벡터 레이어 입력** : '서울시 행정동'을 선택한다.
② **출력 점 Shape 파일** : 'GIS DATA/실습 5/result' 폴더에 '서울시_Centroid'를 입력하고 '확인'을 누른다.

[자료 7-34]와 같이 각 행정동에 중심점 좌표가 나타난다. 각 행정동 중심점에 다양한 정보를 결합할 수 있다. 예를 들면 인구정보, 소득정보, 주택정보, 점포정보 등 다양한 정보를 입력해 온도지도로 표현할 수 있다.

[자료 7-33] 폴리곤 센트로이드 설정 [자료 7-34] 센트로이드 설정 완료

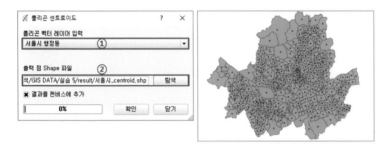

다음은 '서울시_centroid.shp' 데이터에 '서울시 업종.csv'
데이터를 결합하자.

'레이어' 목록에서 '서울시_centroid.shp'를 선택한 후 오
른쪽 마우스를 클릭한 후 '속성'을 선택한 뒤 '결합'을 선택한
다. '결합' 창 아래의 ⊕을 선택하면 '벡터 조인 추가' 창이 나
온다([자료 7-35] 참조).

① **레이어 결합** : '서울시 업종'을 선택한다.

② **필드 결합** : 'Dong_Name'을 선택한다.

③ **대상 필드** : 'ADM_NM'을 선택한다.

④ **어떤 필드가 조인되는지 선택** : 'Dong_Name'을 제외하고 모
   두 체크한다.

⑤ **'Custom field name prefix'** : 선택하고, 해당 칸을 삭제한 후
   '확인'을 클릭한다.

[자료 7-35] 벡터 레이어 조인

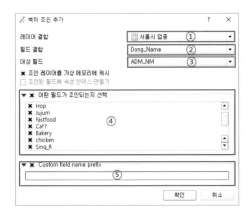

다시 레이어 속성 결합창이 나오면 '확인'을 클릭한다. 이제 '레이어' 목록에서 '서울시_centroid'를 선택해 속성 테이블을 확인하면 데이터가 결합되어 있는 것을 확인할 수 있다([자료 7-36] 참조).

[자료 7-36] 조인된 테이블 속성

	OBJECTID	BASE_YEAR	ADM_CD	ADM_NM	SHAPE_LENG	SHAPE_AREA	Hop	Jujum	Fastfood	Caf?	Bakery	chicken
0	1	2016	1101053	사직동	5756.73723326	1158538.08348	18	2	16	115	16	19
1	2	2016	1101054	삼청동	7423.82492048	1478147.69620	5	0	4	114	8	0
2	3	2016	1101055	부암동	9033.82373931	2272861.84217	7	0	8	63	8	6
3	4	2016	1101056	평창동	13367.89251840	8941185.15153	6	3	7	51	8	6
4	5	2016	1101057	무악동	2620.10808834	369245.65380400	4	0	7	8	5	1
5	6	2016	1101058	교남동	3426.51118329	346667.33580400	9	3	6	14	5	10
6	7	2016	1101060	가회동	4423.99535486	539550.61394600	5	0	10	67	4	10
7	8	2016	1101061	종로1·2·3·4가동	8520.74206417	2415358.50519	66	15	29	296	25	44
8	9	2016	1101063	종로5·6가동	3640.40833305	602712.76933000	18	5	12	44	7	17

5) 교차분석과 디졸브 후 면적 구하기

벡터 레이어와 벡터 레이어를 교차분석한 후 공간을 디졸브해서 정비구역에 대한 면적을 계산한다.

예제	파일 위치	좌표체계
shp 파일	문서/GIS DATA/실습 5/서울시 시군구.shp 문서/GIS DATA/실습 5/서울시 정비구역.shp	WGS 84

메뉴에서 '벡터-공간 연산 도구-교차분석'을 선택해 다음과 같이 입력한다([자료 7-37] 참조).

① **입력 벡터 레이어** : '서울시 시군구'를 선택한다.

② **레이어 교차분석** : '서울시 정비구역'을 선택한다.

③ **출력 Shape 파일** : 'GIS DATA/실습 5/result' 폴더에 '서울시+정비구역_교차분석'을 입력한 뒤 확인을 누른다.

[자료 7-37] 레이어 교차분석

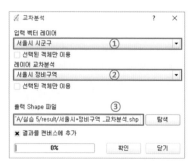

데이터가 공간 데이터에 대한 정보를 분석하기 때문에 약
간 시간이 소요된다. 맵 캔버스에 생성된 [자료 7-38]은 '서
울시 정비구역.shp'의 그림과 일치하고 있지만, 속성 테이블
은 차이점이 있다.

[자료 7-38] 서울시 정비구역 교차분석

먼저 '서울시 정비구역'의 속성 테이블에는 정비구역 정보
만 제공된다([자료 7-39] 참조).

[자료 7-39] 서울시 정비구역 정보

다음은 '서울시+정비구역_교차분석'의 속성 테이블을 확인
하면, 행정지도와 관련된 정보가 함께 결합되어 있는 것을 확
인할 수 있다([자료 7-40] 참조).

[자료 7-40] 서울시 정비구역과 교차분석된 테이블

다음은 교차분석된 데이터의 디졸브(병합)를 통해서 공간
각 정비구역에 대한 면적을 계산한다.

메뉴에서 '벡터-공간연산도구-디졸브'를 선택해 다음과 같
이 입력한다([자료 7-41] 참조).

① **입력 벡터 레이어** : '서울시+정비구역_교차분석'을 선택한다.

② **필드 병합** : 'A0'을 선택한다.

③ **출력 Shape 파일** : 'GIS DATA/실습 5/result' 폴더에 '서울
시+정비구역_교차분석_디졸브'를 입력한 뒤 '확인'을 선
택한다.

[자료 7-41] 정비구역 디졸브 설정

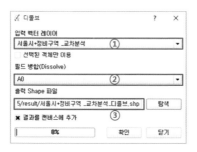

이제 'A0' 코드로 디졸브(병합)된 파일을 각각 필지별로 면적을 계산한다. 속성 테이블 상단의 필드 계산기 아이콘 █ 을 선택한 후 다음과 같이 입력한다.

① 출력 필드 이름 : 'Area'를 입력한다.
② 출력 필드 유형 : '십진수(real)'를 선택한다.
③ '출력 필드 폭'에 '10', '정확도'에 '2'를 입력한다.
④ '기능'에서 '지오메트리'를 선택한 후 '$area'를 더블 클릭하면 표현식 창에 나타나며, 이후 '확인'을 클릭하면 자동으로 130,109개의 필지별 면적을 계산한다.

이때의 계산은 공간 면적을 자동으로 계산하기 때문에 시간이 많이 소요된다. [자료 7-42]를 보면 Area 필드에 각 면적이 계산되어 입력된 것을 확인할 수 있다. 단위는 $10,000km^2$다.

[자료 7-42] 디졸브된 지역 면적

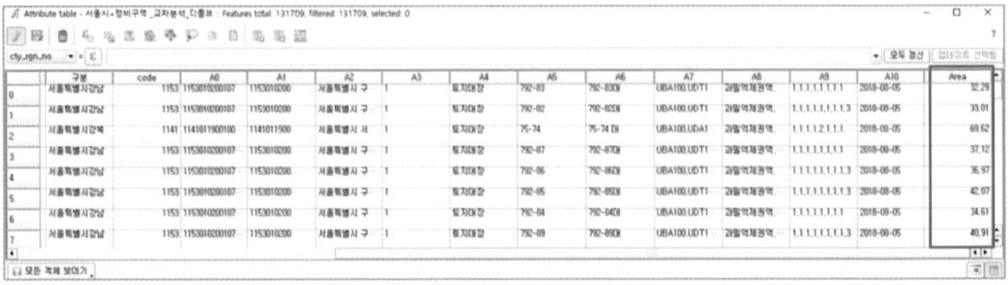

Attribute table - 서울시+정비구역 _교차분석_디졸브 :: Features total: 131709, filtered: 131709, selected: 0

	구분	code	A0	A1	A2	A3	A4	A5	A6	A7	A8	A9	A10	Area
0	서울특별시강남	1153	1153010200107	1153010200	서울특별시 구	1	토지대장	792-83	792-83대	UBA100,UDT1	과밀억제권역,	1,1,1,1,1,1,1,1	2018-08-05	32.29
1	서울특별시강남	1153	1153010200107	1153010200	서울특별시 구	1	토지대장	792-82	792-82대	UBA100,UDT1	과밀억제권역,	1,1,1,1,1,1,1,1,3	2018-08-05	33.01
2	서울특별시강북	1141	1141011900100	1141011900	서울특별시 서	1	토지대장	75-74	75-74 대	UBA100,UDA1	과밀억제권역,	1,1,1,1,2,1,1,1,	2018-08-05	69.62
3	서울특별시강남	1153	1153010200107	1153010200	서울특별시 구	1	토지대장	792-87	792-87대	UBA100,UDT1	과밀억제권역,	1,1,1,1,1,1,1,1	2018-08-05	37.12
4	서울특별시강남	1153	1153010200107	1153010200	서울특별시 구	1	토지대장	792-86	792-86대	UBA100,UDT1	과밀억제권역,	1,1,1,1,1,1,1,1,3	2018-08-05	36.97
5	서울특별시강남	1153	1153010200107	1153010200	서울특별시 구	1	토지대장	792-85	792-85대	UBA100,UDT1	과밀억제권역,	1,1,1,1,1,1,1,1,3	2018-08-05	42.07
6	서울특별시강남	1153	1153010200107	1153010200	서울특별시 구	1	토지대장	792-84	792-84대	UBA100,UDT1	과밀억제권역,	1,1,1,1,1,1,1,1	2018-08-05	34.61
7	서울특별시강남	1153	1153010200107	1153010200	서울특별시 구	1	토지대장	792-89	792-89대	UBA100,UDT1	과밀억제권역,	1,1,1,1,1,1,1,1,3	2018-08-05	40.91

모든 객체 보이기

Chapter 08

공간 데이터
응용

1. 토지 지형도 이용하기

1) 경사도 지도

국토교통부에서 제공한 전국 단위의 토지 경사도를 활용해 주거환경으로 적합한 지역을 추출하고, 그 속에서 건축물의 건축 여부를 확인할 수 있다.

(1) 7% 미만의 경사도를 가진 토지 추출

7% 미만의 경사도를 추출하는 것은 낮은 곳에 인구가 모이는 특성에 따라 분석한다. 데이터는 국가에서 제공하는 경사도 구분해 추출한다.

예제	파일 위치	좌표체계
shp 파일	문서/GIS DATA/실습 6/경기_광주 토지 경사도.shp	WGS 84

전국의 토지 경사도 지도에서 클리핑 기능을 이용해 경기도 광주시의 토지 경사도를 추출했다. 먼저 '경기_광주 토지 경사

도.shp'파일을 불러온다.

도구모음에서 속성 테이블 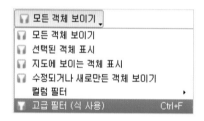을 클릭하면 속성 테이블 창이 나온다. 경사도를 확인하기 위해 속성 테이블을 확인한 결과, 'SOILSLOPE' 필드에는 경사도가 0-2%, 2-7%, 7-15%, 15-30%, 30-60%, 60-100%, 기타로 구성되어 있다. 따라서 7% 미만의 경사도를 추출한다.

속성 테이블의 하단에 '모든 객체 보이기'를 클릭([자료 8-1] 참조)한 후 '고급 필터(식 사용)'를 선택한다.

[자료 8-1] 고급 필터(식 사용)

'고급 필터(식 사용)'를 클릭하면 '표현식 기반 필터' 창이 나오며 다음과 같이 입력한다. [자료 8-2]는 입력 순서에 대해 설명하지만 실제 표현식은 모두 사용해야 한다.

"SOILSLOPE" ILIKE '0-2%' OR "SOILSLOPE" ILIKE '2-7%'

① 기능에서 '필드와 값'을 클릭하면 필드명 중에 'SOILS-LOPE'를 더블클릭한다.

② 기능에서 '연산자'에서 'ILIKE'를 더블클릭한다.

③ 다시 기능에서 'SOILSLOPE'를 선택한 후 '모든 고유 값'을 선택하고 '0-2%'를 더블 클릭하면 '표현식' 창에 [자료 8-2] 같이 된다.

모든 연산식의 입력이 끝나고 '확인'을 클릭하면 속성 테이블에 '0-2%', '2-7%'의 경사도를 가진 데이터가 나온다([자료 8-3] 참조).

[자료 8-2] 표현식 기반 필터

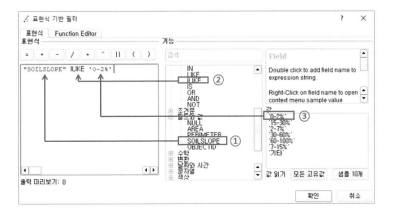

[자료 8-3]의 ①은 입력된 계산식에 의해 추출된 데이터다. ②번을 선택하면 해당 공간이 선택된다.

[자료 8-3] 속성 테이블 SOILSLOPE 필드

선택된 공간 데이터에서 '레이어' 목록의 '경기_광주 토지 경사도'를 선택한다. 오른쪽 마우스를 클릭한 뒤 '다른 이름으로 저장하기'를 선택해 '문서/GIS DATA/실습 6/result' 폴더에 '경기_광주 7% 미만 토지 추출'로 저장한다.

[자료 8-4]는 경기도 광주시에서 경사도 7% 미만의 토지가 생성된 것을 확인할 수 있다.

[자료 8-4] 경기도 광주시 경사도 7% 미만 토지

(2) 건축물정보 맵핑

이제 이 그림 위에 경기도 광주시의 건축물정보를 맵핑해
보자.

예제	파일 위치	좌표체계
shp 파일	문서/GIS DATA/실습 6/광주시 일반건물.shp 문서/GIS DATA/실습 6/광주시 집합건물.shp	WGS 84

경기도 광주시의 일반건물과 집합건물을 불러와서 경사도
와 함께 볼 수 있다.

[자료 8-5]와 같이 경기도 광주역을 기준으로 건축물이 밀집된 곳과 경사도 7% 미만의 토지가 추출되었다.

(3) 토지의 용도와 하천

예제	파일 위치	좌표체계
shp 파일	문서/GIS DATA/실습 6/광주시 도시지역.shp 문서/GIS DATA/실습 6/광주시 하천.shp	WGS 84

이제 토지의 용도 정보와 하천지역정보를 불러와서 같이 맵핑시켜 보자.

경기도 광주역을 기준으로 7% 이하의 경사도(흰색)와 토지의 용도는 도시지역(하늘색)에 해당되는 지역과 건축물이 존재하는 지역, 하천이 존재하는 지역(군청색)에 대해 분석했다. 이제 남아 있는 도시지역(흰색)이며 경사도가 7% 이하인 지역을 토대로 어느 공간이 주거환경으로 적합한지를 쉽게 판단할 수 있을 것이다.

2. 두 개 이상의 shp 파일 하나로 결합

데이터 작업을 진행하다 보면 여러 개의 shp 파일을 하나로 합쳐야 더욱 효과적인 프로젝트를 진행할 수 있다.

예제	파일 위치	좌표체계
shp 파일	문서/GIS DATA/실습 6/건축물 결합/광주시 일반건물.shp 문서/GIS DATA/실습 6/건축물 결합/광주시 집합건물.shp	WGS 84

먼저 두 개의 파일을 하나의 폴더에 위치해야 한다.

'실습 6' 폴더의 '건축물 결합' 폴더에서 일반건물정보와 집합건물정보를 불러온다.

'벡터-데이터 관리도구-여러 shape 파일을 하나로 결합'을 선택한 후 다음과 같이 입력한다([자료 8-7] 참조).

① **입력 디렉토리** : 결합할 데이터가 있는 폴더를 지정한다.

② **출력 Shape 파일** : '문서/GIS DATA/실습 6/result' 폴더에 '광주시 건축물'로 입력한다.

[자료 8-7] Shape 파일 결합

[자료 8-8]을 확인하면 일반건축물과 집합건축물이 하나로 합쳐진 것을 확인할 수 있다. 파일 개수가 많을 경우 상대적으로 속도가 느려진다. 필요한 데이터는 가장 작은 공간 단위로 결합하는 것이 유리하다.

[자료 8-8] 결합된 건축물

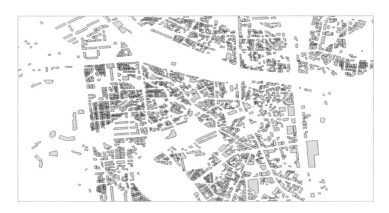

3. 개별공시가격 계산

때로는 지역 개발을 위해 보상가격을 산정해야 할 필요가 있다. 이때 필지별로 가격을 입력해서 계산해야 하지만, 국토교통부에서 제공하는 개별공시가격을 토대로 계산한다. 먼저 광주광역시 시청 앞 상업지에 대한 개별공시가격을 모두 합산해본다.

예제	파일 위치	좌표체계
shp 파일	문서/GIS DATA/실습 6/광주광역시청 상업지.shp	WGS 84

1) 좌표 변환

광주광역시청 상업지의 현재 좌표는 WGS 84 좌표계로 되어 있다. 정확한 면적을 계산하기 위해 좌표체계의 'EPSG:5174'로 변환해야 한다.

파일을 불러온 후 해당 파일을 '다른 이름으로 저장'을 클릭한 뒤 '새 이름을 벡터 레이어 저장하기'에서 다음과 같이 입력한다([자료 8-9] 참조).

① **새 이름으로 저장** : '문서/GIS DATA/실습 6' 폴더에 '광주광역시청 상업지 2'로 저장한다.
② **좌표계** : 좌표계를 'EPSG:5174'로 선택한 후 '확인'을 클릭한다.

[자료 8-9] 새 이름으로 저장하기

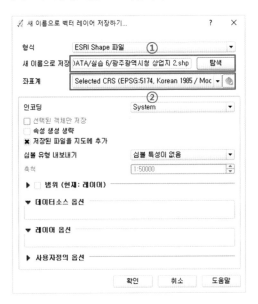

2) 면적과 가격 구하기

현재의 정보는 면적이 나와 있지 않다. 따라서 각 필지에 대한 면적을 구해야 한다. 면적을 구하기 위해 필드 계산기 를 선택한다([자료 8-10] 참조).

① 출력 필드 이름 : 'AREA'를 입력한다.
② 출력 필드 유형 : '십진수(real)'를 선택한다.
③ '출력 필드 폭'은 '10'을 입력하고 '정확도'는 '8'을 입력한다.
④ '기능'에서 '지오메트리'를 선택한 후 '$area'를 더블 클릭하면 표현식 창으로 등록된다.

[자료 8-10] 공시지가 필드 계산

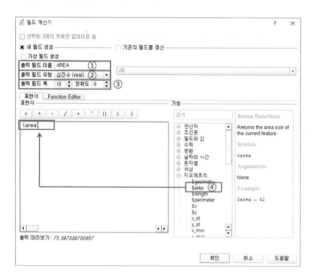

부동산 중개, 이제 GIS 시대다!

[자료 8-11]의 속성 테이블을 확인하면 AREA 필드에 면적 (m^2 단위)이 생성된 것을 확인할 수 있다.

[자료 8-11] 필지당 면적 계산

3) 필지당 가격 계산

속성 테이블의 'A9' 필드는 m^2당 개별공시가격이다. 면적과 가격정보를 이용해 필지별로 개별공시가격을 합산한다. ⊞를 선택해 필드 계산기 창을 불러온 뒤 다음과 같이 입력한다([자료 8-12] 참조).

① 출력 필드 이름 : '개별공시지가'를 입력한다.
② 출력 필드 유형 : '십진수(real)'를 선택한다.
③ '출력 필드 폭'에 '15'를 입력하고 '정확도'는 '2'를 입력한다.
④ 표현식 : 'AREA'×'A9'를 입력한 뒤 '확인'을 클릭한다.

[자료 8-12] 개별공시지가 계산

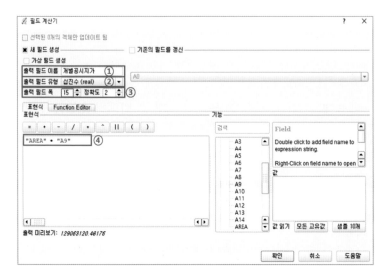

[자료 8-13]의 속성 테이블에 '개별공시지가' 필드가 생성

되었으며, 각 필지별로 공시가격을 확인할 수 있다.

[자료 8-13] 속성 테이블 내 필지별 개별공시지가

4) 총 비용 통계

광주광역시청 앞 상업지에 대한 평균가격과 총 가격을 확인할 수 있다.

메뉴에서 '벡터-분석도구-기본통계'를 선택하면 '기본통계' 분석 창이 생성되며, 다음과 같이 입력한다([자료 8-14] 참조).

① 입력 벡터 레이어 : '광주광역시청 상업지2'를 선택한다.
② 대상 필드 : '개별공시지가'를 선택한다.
③ '확인'을 클릭하면 ④와 같이 '통계 출력' 화면에 통계 값이 나타난다.

[자료 8-14] 개별공시지가 통계분석

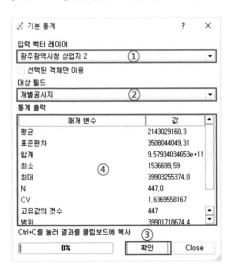

[자료 8-14]의 '통계 출력' 창을 보면 평균, 표준편차, 합계, 최소, 최대 등의 정보를 확인할 수 있다. 광주광역시청 앞 상업지의 토지가격은 모두 957,934,034,665원이다.

4. 지가 상승률 높은 지역 분석

2015년 1월에서 2018년 1월까지의 전국 지가변동률 데이터를 이용해 지가변동률이 가장 높은 지역을 분석했다. 자료는 국가공공데이터의 지역별 지가변동률 데이터를 활용했다([자료 8-15] 참조). 파일 형태는 CSV 파일이다.

[자료 8-15] 전국 지역별 지가변동률

1) 데이터 결합

먼저 shp 레이어 파일에 CSV 파일의 정보를 결합한다.

예제	파일 위치	좌표체계
shp 파일	문서/GIS DATA/실습 6/전국 시군구 지도.shp 문서/GIS DATA/실습 6/지역별 지가변동률.csv	만들어진 좌표 WGS 84

먼저 '실습 6' 폴더에서 .shp 파일과 .CSV 파일를 불러온다.

(1) 중심좌표 만들기

전국 시군구 지도에 먼저 중심좌표를 생성한다.

메뉴에서 '벡터-지오메트리 도구-폴리곤 센트로이드'를 선택한 뒤 [자료 8-16]과 같이 입력한다.

[자료 8-16] 중심좌표 만들기

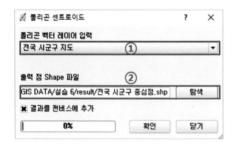

① **폴리곤 벡터 레이어 입력** : '전국 시군구 지도'를 선택한다.

② **출력 점 Shape 파일** : '문서/GIS DATA/실습 6/result' 폴더
　에 '전국 시군구 중심점'을 입력한 뒤 '확인'을 클릭한다.

[자료 8-17] 전국 시군구 중심좌표 생성

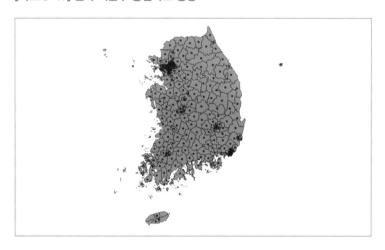

　[자료 8-17]과 같이 지도상에 시군구별로 중심좌표가 생성
된 것을 알 수 있다. 이 중심좌표에 지가변동률을 결합한다.

(2) 데이터 결합

　'레이어' 목록에서 '전국 시군구 중심점'을 선택한 뒤 '속성'
을 클릭하면 '레이어 속성' 창이 생성된다. '레이어 속성' 창의
세부 항목 중 '결합'을 선택한 뒤 하단의 ⊞ 결합을 선택하면

'벡터 조인 추가' 창이 생성되는데 다음과 같이 입력한다([자료 8-18] 참조).

① **레이어 결합** : '지역별 지가변동률'을 고정한다.

② **필드 결합** : '시군구명'을 선택한다.

③ **대상 필드** : 'Min_min_di'를 선택한다.

④ **어떤 필드가 조인되는지 선택** : '읍면동리명', '지역범위', '지가지수', '지가변동률', '누계지가변동률'을 선택한다. 사용자의 선택에 따라 '누계지가변동률'만 선택할 수 있다.

⑤ **Custom field name prefix** : 모두 삭제한 뒤 확인을 누르면 결합된다([자료 8-19] 참조).

[자료 8-18] 벡터 조인 추가

[자료 8-19] 레이어 속성 결합

'적용'과 '확인'을 순서대로 클릭한다. [자료 8-20]을 확인
하면 중심점 좌표에 선택된 데이터가 결합된 것을 확인할 수
있다.

[자료 8-20] 전국 시군구 중심점 속성 테이블

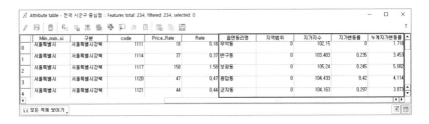

2) 온도지도 만들기

이제 온도지도를 만들어 어느 지역이 지가변동률이 높았는지를 확인해보자. 메뉴에서 '레스터-온도지도-온도지도'를 선택한 뒤 다음과 같이 입력한다([자료 8-21] 참조).

① **입력 점 레이어** : '전국 시군구 중심점'을 선택한다.
② **출력 레스터** : '문서/GIS DATA/실습 6/result' 폴더에 '전국 지가상승 온도지도'로 입력한다.
③ **'고급'** : 선택한다.
④ **필드 값을 가중치로 사용** : '지가변동률'을 선택한 뒤 확인을 선택하면 [자료 8-22]처럼 온도지도가 나온다. 다른 값은 기본값을 그대로 유지한다.

[자료 8-21] 온도지도 플러그인 설정   [자료 8-22] 지가변동률 온도지도

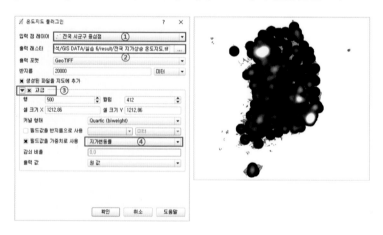

좀 더 확실하게 구분하기 위해 '속성'의 '스타일'을 이용해 수정한다.

'레이어' 목록에서 '전국 지가상승 온도지도'를 선택한 뒤 '속성'을 선택한 후 속성 창에서 스타일을 선택한다([자료 8-23] 참조).

① 랜더(Rander) 유형 : '단일 밴드 가상 색체'를 선택한다.
② 새 색상표 작성 : 사용자가 원하는 색상표를 선택한다.
③ '분류'를 클릭한다.
④ '색상 보관' 창에 색상이 구분되어 나타나면 '적용'과 '확인'을 순서대로 클릭한다. 맵 캔버스에 온도지도의 색상이 바뀐 것을 확인할 수 있다.

[자료 8-23] 온도지도 스타일 변경

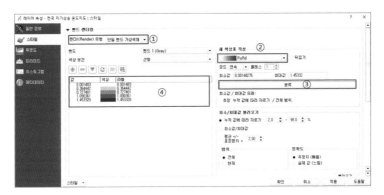

[자료 8-24] 변경된 온도지도

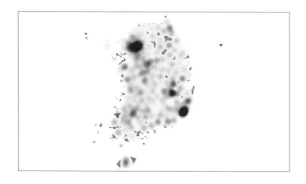

  이제 정확한 위치정보를 확인하기 위해 전국 시군구 지도의 위치를 앞으로 나올 수 있게 레이어 목록 창에서 수정한다. '레이어' 목록에서 '전구 시군구 지도'를 선택한 후 '속성' 창에서 '스타일'을 선택한다. '스타일'에서 '색상'을 선택한 뒤 불투명도를 '0'으로 조절한다([자료 8-25] 참조).

[자료 8-25] 색상 불투명도 지정

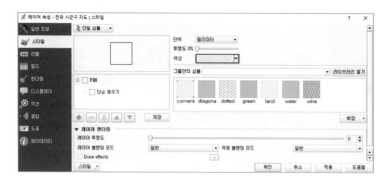

[자료 8-26] 전국 온도지도와 지도 맵핑

추가한다면 각 시군구별로 라벨을 붙이면 보다 자세하게 알 수 있다. 서울시와 부산, 대구 등 주요 도시를 기준으로 지가 상승률이 가장 높았던 것으로 알 수 있다.

해당 정보는 전국 단위로 연습했다. 방법은 동일하므로 사용자는 지역 단위로 작성할 수 있다. 앞으로 공시가격이 현실화되고 정보가 제공되면 다시 설정할 수 있을 것이다.

Chapter 09

GIS
상권 분석

현재 공공데이터포털[7]에서 점포정보를 제공하고 있다. 점포정보는 전국 단위로 제공되고 있으며, 점포명, 주소, 지역, 층, 호실과 좌표, 지역 ID Number 등이 제공된다. 기간은 2015년 12월부터 매 분기별 CSV 파일로 제공되고 있다.

이러한 정보를 활용해 분석하는 것은 사용자의 활용방법에 따라 얼마든지 상권 분석이 가능하다.

1. 행정동 단위 분석

먼저 울산시의 2015년 12월부터 2018년 9월까지 점포의 변화량을 측정해보자([자료 9-1]). 3년 동안 남구의 경우 2,628개, 동구 870개, 북구 1,608개, 울주군 2,087개, 중구 1,087개가 증가했다.

---

7) 공공데이터포털(https://www.data.go.kr).

Name	2015.12	2016.03	2016.06	2016.09	2016.12	2017.03	2017.06	2017.09	2017.12	2018.03	2018.06	2018.09
남구	17,462	21,703	21,430	20,322	21,595	21,575	21,714	18,230	19,209	19,426	19,638	20,090
동구	5,530	6,946	6,861	6,590	6,895	6,880	7,008	5,938	6,236	6,280	6,307	6,400
북구	4,511	5,840	5,768	5,668	5,884	5,922	6,023	5,519	5,824	5,930	5,996	6,119
울주군	6,390	8,288	8,192	7,955	8,686	8,715	8,760	7,655	8,118	8,223	8,323	8,477
중구	8,745	10,563	10,453	9,873	10,930	10,914	10,959	9,036	9,491	9,591	9,654	9,832

기간대로 보면 2017년 6월까지 점포가 증가했지만, 2017년 9월에 큰 폭으로 점포가 감소했으며, 이후 다시 조금씩 증가하는 현상을 보이고 있다.

[자료 9-2] 울산시 점포량 변화 그래프

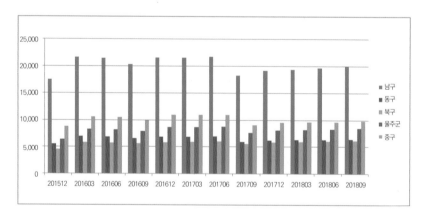

울산시에서 가장 점포 수가 밀집된 곳은 남구이며, 다음으

로 중구, 울주군, 동구, 북구순이다. 다음은 GIS 프로그램을 활용해 데이터를 결합해 분석한 것이다.

[자료 9-3] 울산시 점포 변화량

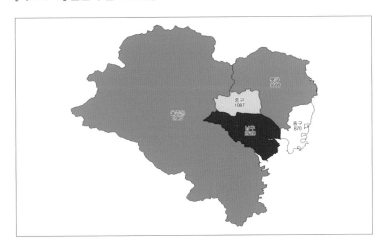

지도상에 가장 점포가 많이 증가한 곳이 시각적으로 확연하게 구분된다.

다음은 세대별 점포비율과 6개의 주요 업종에 대한 분석이다. 남구의 경우 세대별 점포 수가 가장 작은데, 세대당 6.72개, 중구 9.57개, 동구 10.28개, 울주군 10.79개로 구성되어 있다. 서울 등 다른 도시와 비교했을 경우 치열한 경쟁 관계에 있다는 것을 쉽게 알 수 있다.

업종별 그래프 순서는 음식점, 커피전문점, PC방, 당구장, 병

원, 모텔순이며, 현재 음식업이 가장 많고, 커피전문점이 2위를 차지하고 있다.

[자료 9-4] 울산시 업종별 그래프

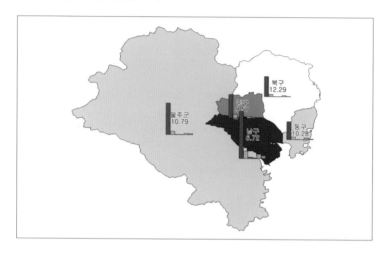

다음은 직장인구가 가장 밀집된 공간과 음식업과의 상관관계를 분석한 것이다. 음식업이 가장 많이 몰려 있는 곳이 남구다. 또한 직장인의 밀도가 가장 높은 곳 역시 남구인 것을 확인할 수 있다.

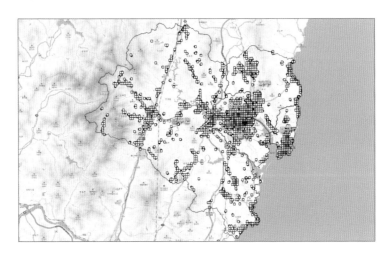

직장인구와 일반음식점은 서로 상관성이 높다고 할 수 있다. 음식업을 기준으로 커피전문점이나 모텔 등 또한 남구 쪽에 많이 모여 있는 것을 확인할 수 있다.

이러한 분석방식은 남구 자체를 바탕으로 분석할 수 있다. 파란색은 한식, 녹색은 커피전문점, 노란색은 모텔의 위치정보다([자료 9-6]). 한식점과 커피전문점이 밀집된 공간을 알 수 있다.

[자료 9-6] 울산시 남구 업종별 위치정보

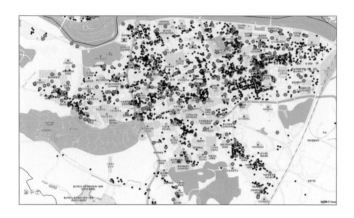

울산시 남구의 한식전문점 밀집도와 업종 분포를 구성하면 [자료 9-7]과 같다. 한식전문점이 많은 순서는 33개, 32개, 28개 등이며, 커피전문점이 주변에 분포되어 있음을 확인할 수 있다. 노란색의 모텔 또한 공간마다 위치하고 있어 울산광역시청을 따라 넓게 분포되어 있음을 확인할 수 있다.

[자료 9-7] 한식전문점 밀도와 이종 업종 위치정보

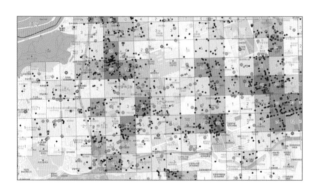

2. 사용자 지정 단위 분석

상권의 범위를 좁혀서 분석할 경우 보행자가 많이 다니는 도로를 기준으로 블록단위별로 하는 경우와 보행자의 통행도로의 축선도 기준으로 분석한다. 지역은 서울시 은평구의 연신내역 상권이다.

1) 연신내역 승하차 인구

연신내역의 승차인구는 일주일에 310,467명이며, 하차인구는 293,907명이다(2018년 9월 기준). 1년 승차인구는 1,631,096명, 하차인구는 1,542,725명이다([자료 9-8]).

[자료 9-8] 연신내역 승하차 인구 표

역명	연신내역			
	주간승차	주간하차	월간승차	월간하차
05~06시	6,677	456	35,839	2,480
06~07시	14,333	3,406	75,928	18,325
07~08시	40,687	8,336	207,273	43,040
08~09시	46,064	9,768	235,461	51,271
09~10시	25,380	10,304	134,063	53,763
10~11시	17,058	9,114	91,919	49,389
11~12시	15,298	8,545	83,787	46,905
12~13시	15,870	9,320	86,353	52,031
13~14시	16,170	11,040	86,021	60,204
14~15시	13,970	12,094	75,357	65,104
15~16시	14,009	14,982	74,414	79,302
16~17시	15,633	18,909	82,525	98,672
17~18시	15,643	22,363	82,632	117,228
18~19시	15,024	34,091	77,452	175,513
19~20시	10,958	36,719	57,568	189,022
20~21시	8,686	23,961	45,189	123,690
21~22시	8,012	21,037	41,636	111,211
22~23시	6,840	20,328	35,959	106,948
23~24시	3,609	14,374	18,851	74,562
00~01시	545	4,757	2,863	24,043
01~02시	1	3	6	22
합계	310,467	293,907	1,631,096	1,542,725

[자료 9-9]의 그래프를 확인하면 시간대별로 보면 오전 7시 ~9시 사이의 승차인구가 가장 많으며, 오후 시간대는 상대적으로 승차인구가 적은 것을 확인할 수 있다. 반대로 하차인구의 경우 오후 3시부터 시작해 저녁 늦은 시간대까지 하차인구가 많은 것을 알 수 있다. 3시 이후부터 저녁 8시까지의 인구는 대부분 상권을 이용하기 위한 인구로 예상할 수 있으며, 8시 이후의 하차 인구는 퇴근하는 직장인구로 일부 상권을 이용하고, 대부분은 버스로 환승하는 인구가 많을 것이다.

그래프로 확인할 수 있는 것은 오전 시간대에 출근시간이 몰려 있는 것이며, 오후 3시 이후에 상권으로 유동인구가 모여드는 전형적인 퇴근길과 젊은 연령층이 모여 있는 공간임을 의미한다.

[자료 9-9] 연신내역 지하철 승·하차 그래프

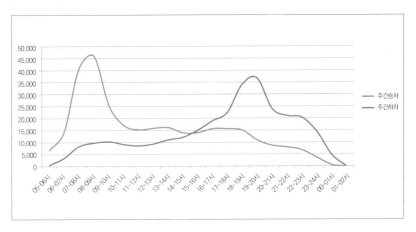

2) 버스정류장 승·하차 정보

[자료 9-10] 연신내역 버스정류장 승·하차 정보

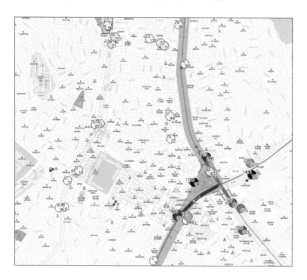

[자료 9-10]과 같이 표현한 방법은 다음과 같다.

① 버스정류장의 위치정보는 CSV 파일이다. 이 파일을 shp 파일로 다시 저장했다.

② 버스정류장 위치정보에 버스 승·하차 인구를 '속성'에서 '결합' 기능을 이용했다.

③ '속성'에서 점의 크기를 '8'로 바꾼 후 '스타일' 기능에서 '단계구분'을 선택해 승차인구가 가장 많은 버스정류장

을 파란색으로 변화를 주었다.

④ 승차인구 수는 '레이어' 목록에서 버스 승하차 정보를 복
사해 원본은 원 중심에서 좌측 위, 하차정보는 원 중심에
서 우측 아래로 지정했다.

[자료 9-10]은 버스를 이용해 승·하차인구가 가장 많은 곳
이 연신내역 주변으로 밀집되어 있는 것을 볼 수 있다.

3) 블록 단위별 점포 수

[자료 9-11] 연신내 토지 블록 단위별 점포 수

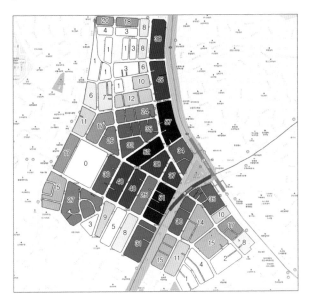

[자료 9-11]과 같이 표현한 방법은 다음과 같다.

① 두 가지 방법 중 하나를 선택할 수 있다. 필지를 직접 그리는 방법이 있고, 토지 필지별 정보를 이용해 불필요한 구분을 삭제했다.

② 은평구의 점포정보를 메뉴의 '벡터-공간 질의-공간 질의' 기능을 이용하고, 다시 '벡터-분석도구-폴리곤의 점' 기능을 이용해 각 블록에 공간별 점포 수를 결합했다.

③ '레이어' 목록에서 '은평구 점포 수'를 선택해 '속성-스타일-단계구분'을 선택해 점포 수가 많은 것부터 10개 단위로 분류했다.

④ '속성-스타일-라벨' 기능을 활용해 각 레이어 안에 카운트 된 필드의 점포 수를 입력했다.

[자료 9-11]을 확인하면 점포 수가 가장 많은 곳이 57개, 52개, 51개가 나온 곳이 군청색으로 가장 진한 것을 알 수 있다. 기본적으로 대로변의 건축물은 대부분 5층 이상의 규모를 이루고 있다. 골목길 안의 점포들은 대부분 3~5층 규모로 구성된 것을 감안하면 골목길 안에 52개의 점포가 밀집된 공간 주변에 점포가 가장 밀집되어 있는 것을 알 수 있다. 결론적으로 말하면 이 상권에 유동인구가 가장 밀집되고, 유동인구의 동선이 가장 많이 만나는 곳이라는 것을 쉽게 알 수 있다.

4) 보행도로상의 점포 수

블록별 점포 수를 분석하는 방법이 있다면 보행도로상의 점포 수를 분석하는 방법도 있다. 쉽게 만들 수 있는 방법은 전국 통행도로정보를 기준으로 해서 해당 지역의 상권 지도로 '클리핑'해 사용할 수 있지만, 단점은 각 골목길의 코너를 구분해 데이터를 입력할 수 없다.

상권은 개별 보행 통로마다 구분해 점포를 입력해야 할 필요가 있기 때문에 사용자가 직접 골목길을 각 구분 단위(ID 단위)로 직접 그리는 것이 가장 중요하다.

[자료 9-12] 연신내 상권 보행도로상의 점포 수

[자료 9-12]와 같이 표현한 방법은 다음과 같다.

① '레이어-레이어 생성-새 Shape 파일 레이어'를 선택해 도형 방식을 '선'으로 지정하고, 속성 추가에 별도로 사용자가 필요한 정보를 입력하고 저장한다. 이 책에서는 차선 존재 유무를 차선이 없으면 0, 차선이 있으면 1로 입력했다. 다음 [자료 9-13]은 차선이 있는 도로를 노란색으로 색을 바꿨다.

[자료 9-13] 연신내 상권 차선 있는 도로

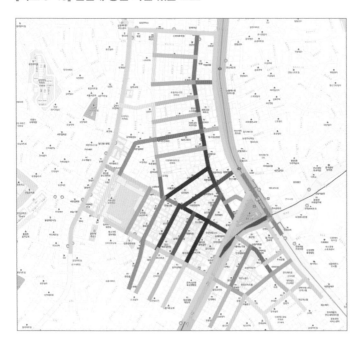

② '편집모드' 실행 아이콘 ✏️ 을 선택한 후 '편집-객체 추가'를 이용해 하나씩 선을 만든다. 이때 각 골목길에 동선을 만들 수 있는 골목이 아닐 경우 굳이 만들 필요는 없다. 유동인구가 보행하고, 점포가 있는 공간만 선택해 드로잉 하면 된다.

③ 모두 완성이 되면 '벡터-공간연산도구-버퍼'를 선택한 후 버퍼 범위를 20m로 지정한다.

④ 점포정보를 불러온 후 '벡터-분석도구-폴리곤의 점'을 선택해 네트워크 도로의 버퍼에 점포 수를 결합한다.

⑤ '레이어' 목록에서 네트워크 도로를 선택한 뒤 '스타일'에서 선의 두께를 '10'으로 변경한다. 사용자가 사용하면서 넓이를 조정한다.

⑥ '스타일'에서 '단계구분'을 선택하고 단계를 사용자의 분석 환경에 맞게 조정한다.

[자료 9-13]과 같이 보행도로상의 점포 수가 많은 곳이 나타난다. [자료 9-12]와 비교하면 공간상 일치하고 있을 쉽게 알 수 있다. 다음은 지금까지 진행한 내용을 모두 하나로 합쳐서 분석한다.

5) 점포와 대중교통 인구밀집도

　[자료 9-14]를 보면 지하철역 출구와 버스정류장이 환승하기 가장 유력한 지역은 연신내역 주변이며, 서울 도심에서 구파발(은평 뉴타운) 방향은 퇴근길에 해당된다. 따라서 지하철을 이용한 유동인구는 구파발역을 가기 위해 일부러 연신내역에 하차하지 않는다. 연신내역에 하차하는 인구는 상권을 이용하기 위한 인구와 구산역 방향으로 버스로 환승하기 위한 인구만 하차한다.

　그러므로 연신내역 상권은 6번 출구가 유동인구의 출발점이 된다. 다음은 버스정류장의 승하차 정보를 이용해 출발점을 찾아도 연신내역 인근에서 시작된다.

[자료 9-14] 연신내역 퇴근길과 상권 진입 방향

이제 각 방향을 확인했으므로 [자료 9-15] 전체를 맵 캔버스에서 보면 점포가 가장 많은 곳의 진입 동선을 쉽게 파악할 수 있다. 그리고 노란색으로 맵핑된 빨간색 박스를 제외하고 점포 수가 줄어드는 것을 확인할 수 있다. 점포 수가 갑자기 줄어드는 곳은 상권의 특성을 달리하고 있다는 것을 의미한다.

차선이 있는 도로변의 점포 수가 많은 것은 건축법상 건폐율과 용적률의 차이에 의해 건축물의 높이가 높기 때문이며, 대부분 업무 또는 학원 등의 시설이 많다.

블록이 설정된 공간에서 세부적으로 A, B, C 급지를 사용자가 구분해볼 수 있다. 보행도로를 기준으로 분석할 경우 현장에서 유동인구를 기준으로 분석할 수도 있다. 각 골목길마다 유동인구 수를 구분해서 분석해 보행도로상에 결합해 사용하면 더 좋은 분석 결과를 도출할 수 있다.

상권 분석을 많이 해본 경우라면 이미 [자료 9-15]를 보고도 유동인구가 가장 많은 동선을 직접 그리거나 예측해볼 수 있을 것이다.

[자료 9-15] 점포 수와 대중교통 이용 인구밀집도

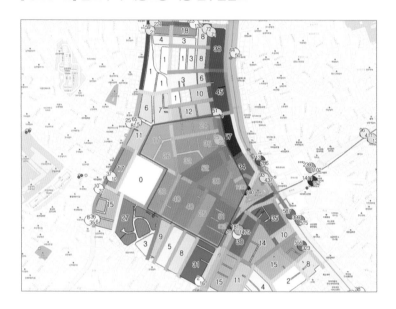

3. 최단거리 분석

최단거리 분석을 위해 건대상권의 동선에 대한 노드를 분석한다. 건대상권의 주요 진입로는 건국대에서 진입하는 공간과 건대입구역에서 진입하는 공간을 위주로 분석한다. 상권의 끝 지점은 모텔 집결지로 하고, 각 골목길로 접근하는 동선을 최단거리 분석방식으로 분석했다.

[자료 9-16] 건대입구역 상권 최단거리 분석

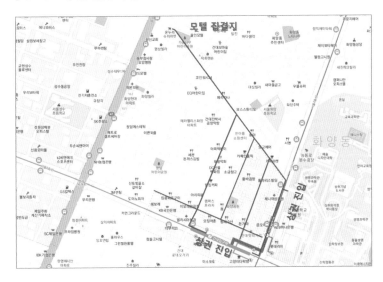

분석방법은 다음과 같다.

먼저 맵 캔버스에 다음지도를 불러온 후 광진구 통행 측정 도로.shp 파일을 불러온다.

① 메뉴에서 '벡터-Road graph-설정'을 선택한 뒤 다음과 같이 입력한다([자료 9-17] 참조).

[자료 9-17] Road graph 플러그인 설정   [자료 9-18] 최단경로 설정

② [자료 9-18]의 '최단경로 설정' 창에서 '시작점'을 건국 대 출입구로 선택하고, '종료점'을 모텔 집결지로 선택한 뒤 '계산'을 클릭하면 최단거리 노드가 나타난다.
③ '최단경로' 창에서 '내보내기'를 클릭하면 객체 내보내기

창이 나오며, '대상 레이어 선택'을 '새 임시 레이어'로 지
정한다([자료 9-19] 참조).

[자료 9-19] 객체 내보내기 창   **[자료 9-20] 레이어 목록 창**

④ [자료 9-20]과 같이 '레이어' 목록 창에 'shortest path'
가 생성된 것을 알 수 있다.

⑤ 동일한 방법으로 최단거리 동선을 계속 만들면 계속 동
일한 이름으로 '레이어' 목록에 생성된다.

⑥ 모든 동선을 완료한 후 레이어를 'result'폴더에 새로운
폴더 '테스트'를 만든 후 하나하나를 '다른 이름으로 저
장'을 선택한다(예를 들면 노드 1~10).

⑦ 메뉴에서 '벡터-데이터 관리도구-여러 shape 파일을 하
나로 결합'을 선택한다.

⑧ 파일을 하나로 결합해 새로운 이름을 지정해 저장한다.

각각의 최단거리 노드는 각각의 레코드로 저장된다. 파일을
저장한 이후 버퍼 분석, 유동인구 수 분석 등 다양한 정보를

결합해 사용할 수 있다.

[자료 9-16]의 주요 동선을 분석하면 유동인구가 가장 많이 지나다니는 동선 외에 가로길의 골목길에는 상대적으로 동선이 나오지 않는다. 이런 경우에는 점포의 수가 많지 않을 것이며, 골목길도 매우 좁은 형태에 해당된다. 별도의 세부적인 분석이 필요하다.

4. 임대물건 분석

먼저 이 책의 공실정보는 필자가 임의로 작성한 것이므로 실제 임대와는 관련이 없음을 밝힌다. 단지 활용방법에 대한 정보다.

'실습 7' 폴더에서 음식점(파란색), 노래방(연두색), 커피전문점(노란색), 제과점(빨간색) 정보를 불러온다. 먼저 노래방의 특성상 다른 업종과 같은 공간에 위치해 이종 업종의 도움을 받을 수 있는 공간이 유리하다.

현재 신규로 노래방을 입점하고자 하는 임차인이 공실 점포를 찾고 있다. 지하철역과 강동구청을 기준으로 성내 올림픽파크 방향의 주거지로 향하는 동선 중에 최단거리 경로를 먼저 분석해봤다. 경로상에 2개의 공실이 나왔다. B공실의 경우 좌표가 안으로 들어가 있지만, 건축물은 삼거리 도로에 인접한 점포다.

주변의 다른 공간에 노래방(연두색)의 입점 여부를 확인한 결과, 이 동선상에서는 벗어난 3군데의 노래방을 확인할 수 있다. A공실과 B공실은 상대적으로 다른 노래방과의 경쟁에서 자유로울 수 있는 유리한 조건에 해당된다.

[자료 9-21] 성내 올림픽파크 방향 공실 점포 중개

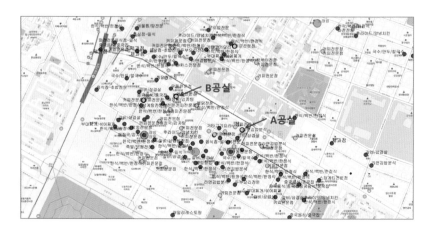

　이 조건에 따라 권리금과 보증금 월세를 확인한다. 현재의 공실데이터는 4개이므로 속성 테이블을 이용해 쉽게 볼 수 있지만, 많은 임차 환경상에서는 '속성에서 라벨' 기능을 이용하는 것이 좋다.

　다른 점포정보는 감추고 공실정보만 남겨둔다. [자료 9-22]를 확인하면 A공실이 권리금 3,000만 원에 보증금 3,000만 원, 월세 300만 원이다. 그리고 B공실의 경우 권리금 5,000만 원에 보증금 3,000만 원, 월세가 250만 원이다(속성 테이블에 평수 정보 있음).

[자료 9-22] 공실 임대가격(단위 1,000원)

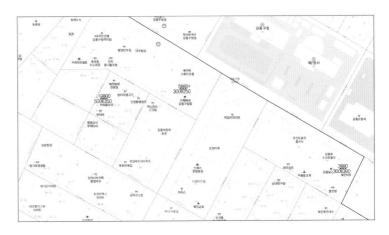

이제 신규 임차인은 둘 중에 하나를 선택하게 될 것이다. 이때 확실한 선택을 위해 다양한 상권 분석 자료를 확인해주면 된다.

다음은 성안청구아파트로 들어가는 동선상의 공실에 대한 정보다. 지하철 출구에서 아파트 방향으로 향하는 최단거리 2개의 동선이 만들어져 있다. 그리고 아파트 주거지와 인접해 위치하고 있다.

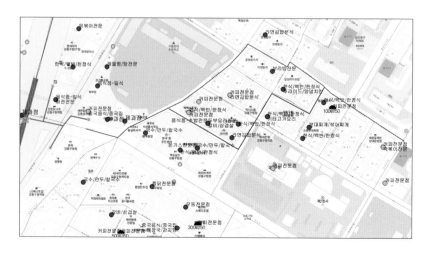

이곳의 점포는 권리금 2,000만 원에 보증금 1,000만 원, 월세 150만 원이지만, 지하층에 위치하고 있다.

신규 임차인은 세 군데 중에 한 군데를 선택하게 된다. 만약 신규 임차인의 성향이 성인 또는 직장인이 밀집된 상권에 위치하기보다는 주거지에 인접한 공간을 선호한다면 [자료 9-23]처럼 주거지 동선상의 점포를 선정하게 될 것이다.

이제 해당 공간의 건축물을 맵핑해 건축연도 등에 대한 정보를 취득한다.

'실습 7' 폴더에서 강동구 성내동의 건축물정보를 맵핑시킨다.

먼저 A공실의 경우 건축연도가 1987년 8월에 사용 승인된 건축물이며, 토지 면적은 200.62㎡, 연면적은 1,093.06㎡다. 그리고 불법건축물에 등재되지 않았다. B공실의 경우 1990년 9월에 사용 승인된 건축물이며, 토지 면적은 357.94㎡, 건축물 연면적은 2,275.23㎡다. 그리고 현재 불법건축물에 등재되지 않은 것을 알 수 있다. 두 건축물 모두 30년 정도 사용한 건축물로 부분적인 보수가 필요할 경우 확인해야 한다.

다음은 성안청구아파트 앞의 건축물의 경우 2012년 10월에 사용 승인된 건축물로 토지 면적은 113.52㎡, 연면적은 490.83㎡다. 그리고 불법건축물에 등재되지 않았다. 상대적으로 앞에서 본 건축물보다는 그래도 가장 사용연수가 낮은 건축물에 해당된다. 기타 세부적인 분석은 앞에서 활용한 방식을 이용해 세밀하게 분석할 수 있을 것으로 본다.

5. 도로와 인접한 계획관리지역의 토지 추출

　'실습 7' 폴더에서 평택시 경로측정 도로와 평택시 계획관리지역, 평택시 건축물 파일을 순서대로 불러온다.

[자료 9-24] 평택시 건축물과 토지 이용, 도로 노드 맵핑

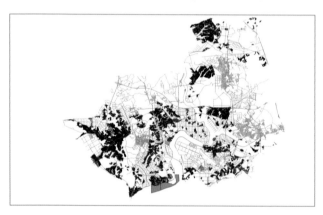

　각 화면을 확대하면 좀 더 자세히 공간별로 구분할 수 있다. 평택역과 포승산업단지를 기준으로 해서 최단거리를 설정한

도로 기준으로 계획관리지역을 통과하는 곳이 나타난다([자료 9-25] 참조). 주로 이 도로를 기준으로 도로의 확장이나 도로를 직선화할 가능성이 높을 것으로 예상된다(녹색 선).

필요시 녹색 선을 기준으로 각 필지의 공시가격을 산정해 필지별 보상가격을 결정할 수 있다.

[자료 9-25] 평택역과 포승산업단지 최단거리

[자료 9-26] 도로에 인접한 계획관리구역

[자료 9-26]의 경우 고덕 국제도시는 서정리역과 인접하고 연결되어 있으며, 지제역 A구역과 B구역은 지제역과 가장 인접해 있다. 다음으로 평택역에 인접한 것을 시각적으로 확인할 수 있다. 그리고 일반도로와 고속도로에 인접한 지역에 해당되는 것을 알 수 있다.

[자료 9-27] C구역의 계획관리지역

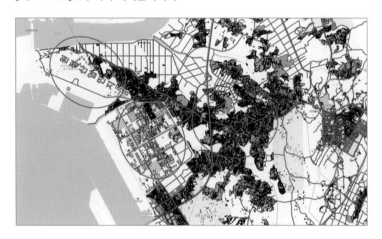

[자료 9-27]의 C구역의 경우 원정산업단지와 포승산업단지가 인접해 있으며, 서해안 고속도로와 인접해 있다. 또한 평택 시흥 고속도로에서 77번 국도를 이용할 수 있다. 입지적으로는 산업단지로써 매우 우수한 입지에 해당된다. 그러나 실제 입주는 다른 문제다.

[자료 9-28] D구역과 E구역 계획관리지역

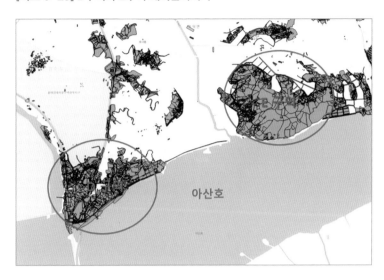

　　[자료 9-28]의 경우 D구역과 E구역의 정면에 아산호가 위치하고 있다. 미래의 레저산업이 수상 및 항공 산업으로 발달할 것을 감안한다면 입지적으로 7% 미만의 경사도를 가진(노란색)지역이 우선 개발 대상지가 될 것으로 예상할 수 있다([자료 9-29] 참조). 그러나 무작정 투자는 절대 삼가야 한다. 개발은 언제나 원하는 대로 되지 않는 경우가 많다. 단지 참고할 뿐이라는 것을 명심해야 한다.

[자료 9-29] 토지의 계획관리지역과 경사도 7% 미만의 토지

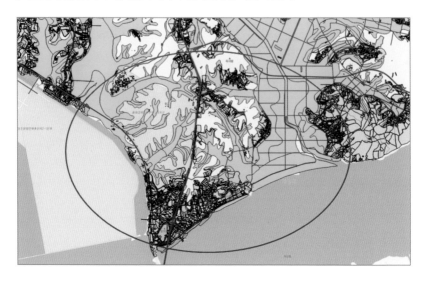

6. 시간대로 본 온도지도 활용

   2015년 12월에서 2018년 9월까지 각 연도별로 4단계로 나눠 서울시의 유흥주점을 대상으로 공간이동에 대한 분석을 한 것이다. [자료 9-30]에 의하면 서울시에서 유흥주점은 2015년 12월부터 2018년 9월까지 점포 수가 419개가 감소한 것을 알 수 있다.

[자료 9-30] 서울시 유흥주점 연도별 그래프

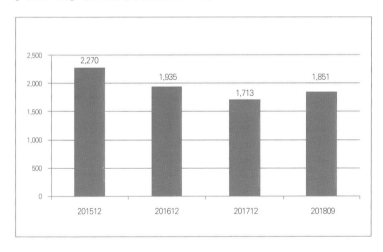

[자료 9-31] 2015년 12월   [자료 9-32] 2016년 12월

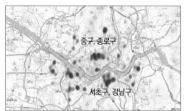 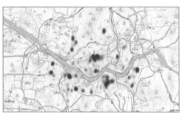

[자료 9-33] 2017년 12월   [자료 9-34] 2018년 9월

업종정보가 분기별로 제공되고 있다. 따라서 분기별 온도지
도를 만들어 분석하면 더 정확하지만, 지면의 사정상 연간 단
위로 변화를 분석했다. 실제 지도를 보면 2015년부터 유흥주
점이 중구, 종로구, 강남구, 서초구에서 상당히 감소한 것을 알
수 있다. 그러나 강서구의 경우 새롭게 증가한 곳도 나타난 것
을 확인할 수 있다.

7. GIS 관련 주요 정보

각 주요 기관에서 GIS 관련 다양한 정보를 제공하고 있다. 그중에 자주 사용하는 주요 기관들에 대해 정리했다. 이미 수많은 정보가 제공되고 있는데 사용하고 활용하는 것은 오로지 개인의 몫이다.

지금까지 대부분의 데이터를 [자료 9-35]의 기관에서 다운로드해 가공, 재분류 등의 방식으로 사용했다. 세부적인 정보는 필자의 카페에서 얼마든지 다운 받을 수 있다.

[자료 9-35] GIS 관련 주요 정보 취득 출처

기관명	URL	주요 정보
국가공간정보포털	www.nsdi.go.kr	국가 중점개방 데이터
공공데이터포털	www.data.go.kr	상가업종, 인구, 교통, 도로, 관광 등 국가 중점 데이터
서울교통공사	www.seoulmetro.co.kr	서울시 지하철 이용 인구, 수송량 등
부산도시철도	www.humetro.busan.kr	부산시 지하철 승하차 인구, 수송량 등
광주시도시철도공사	www.grtc.co.kr	광주시 지하철 이용 인구, 수송량 등
대전도시철도공사	www.djet.co.kr	대전시 지하철 이용 인구, 수송량 등
대구도시철도공사	www.dtro.or.kr	대구시 지하철 이용 인구, 수송량 등

지자체별 공공데이터센터	지자체 홈페이지 이용	인구, 도시정보, 개발정보, 버스이용 인구 등
통계청	www.kostat.go.kr	통계지리정보 등 국가 통계 관련 모든 정보
한국은행	www.bok.or.kr	통화정책, 소득 구분 등
국토교통부	www.molit.go.kr	국토지리정보, 실거래가 정보 등
국가교통DB	www.ktdb.go.kr	도로망, 교통 네트워크 데이터 등
도로명주소 안내시스템	www.juso.go.kr	도로명 주소, 도로 및 건물정보
통계지리정보서비스	sgis.kostat.go.kr	행정구역 경계(시·군·구, 읍·면·동, 집계구) 및 통계 데이터

이 책은 GIS 프로그램을 이용한 부동산 투자 분석에 대해 가장 기본적인 사항들을 정리했다. 처음 시작하는 분들은 어렵게 느껴지겠지만, 이 책을 통해 몇 번 따라 하면 프로그램 구성 방식에 대해 쉽게 이해할 수 있을 것이다.

필자의 욕심으로는 좀 더 다양한 기능을 사용할 수 있도록 난이도 있는 방법을 서술하고 싶지만, 지금 단계에서는 쉽게 배우고 활용할 수 있는 수준까지 기록했다.

외우지 말고 프로그램의 구성 방식을 이해하자! 이해를 하면 다양한 방법으로 응용할 수 있다. 각종 언론 매체를 보면 GIS 프로그램을 활용한 기사가 쏟아지고 있다. 주요 뉴스, 일기예보, 지진, 부동산 분석, 범죄 발생 분석 등 다양한 분야에서 사용되고 있는 것을 알 수 있다. 그만큼 눈으로 보고 빠른 판단이 가능하기 때문이다.

이제 부동산 중개, 투자 분석, 상권·입지 분석도 빅데이터를 이용해 고객에게 양질의 정보를 제공하는 시대가 되었다. 특히 GIS 프로그램은 고객에게 눈으로 직접 보여주면서 설명할 수 있는 아주 중요한 도구가 되고 있다.

이 책을 바탕으로 하나하나 따라오다 보면 당신도 GIS를 활용하는 분석가가 되어 있을 것이다.

본 책의 내용에 대해 의견이나 질문이 있으면
전화(02)333-3577, 이메일 dodreamedia@naver.com을 이용해주십시오.
의견을 적극 수렴하겠습니다.

부동산 중개, 이제 GIS 시대다!

제1판 1쇄 ｜ 2019년 5월 5일

지은이 ｜ 신일진, 송두리, 신기정
펴낸이 ｜ 한경준
펴낸곳 ｜ 한국경제신문*i*
기획제작 ｜ (주)두드림미디어
책임편집 ｜ 배성분

주소 ｜ 서울특별시 중구 청파로 463
기획출판팀 ｜ 02-333-3577
영업마케팅팀 ｜ 02-3604-595, 583 FAX ｜ 02-3604-599
E-mail ｜ dodreamedia@naver.com
등록 ｜ 제 2-315(1967. 5. 15)

ISBN 978-89-475-4467-2 (03320)

한국경제신문 *i* 부동산 도서 목록

DM
dodreamedia

두드림미디어

경제·경영, 재테크, 자기계발, 실용서 전문 출판 임프린트

가치 있는 콘텐츠와 사람
꿈꾸던 미래와 현재를 잇는 통로

Tel : 02-333-3577
E-mail : dodreamedia@naver.com